儿童游戏译丛

—— 译丛主编 / 刘焱 ——

我的游戏权利
——有多种需要的儿童

My Right to Play
A Child with Complex Needs

[英] 罗伯特·杰·欧 /著

侯 怡 刘 焱 /译

刘 焱 /审校

北京师范大学出版集团
BEIJING NORMAL UNIVERSITY PUBLISHING GROUP
北京师范大学出版社

图书在版编目(CIP)数据

我的游戏权利：有多种需要的儿童/(英)欧(Orr, R. J.)著；侯怡，刘焱译. —北京：北京师范大学出版社，2010.10(2025.1重印)

(儿童游戏译丛)

ISBN 978-7-303-11493-1

Ⅰ．①我… Ⅱ．①欧…②侯…③刘… Ⅲ．①游戏—早期教育—研究 Ⅳ．①G613.7

中国版本图书馆 CIP 数据核字(2010)第 164930 号

出版发行：北京师范大学出版社 https://www.bnupg.com
北京市西城区新街口外大街 12-3 号
邮政编码：100088

印　　刷：北京虎彩文化传播有限公司
经　　销：全国新华书店
开　　本：730 mm×980 mm　1/16
印　　张：7.75
字　　数：104 千字
版　　次：2010 年 10 月第 1 版
印　　次：2025 年 1 月第 7 次印刷
定　　价：24.00 元

策划编辑：张丽娟　　　　　　责任编辑：张丽娟
美术编辑：焦　丽　　　　　　装帧设计：焦　丽
责任校对：李　菡　　　　　　责任印制：赵　龙

译者的话

　　学前期是特殊的游戏期。游戏是学前儿童的基本活动。强调游戏对于儿童早期学习和发展的重要性，"游戏是幼儿的工作""让幼儿在游戏中学习"，早已成为放之四海而皆准的幼儿教育的重要原则或信条，长期以来对幼儿教育产生了广泛而深刻的影响，成为幼儿教育区别于中小学教育的一个显著标志。但是，近年来以早期教育名义出现的各种"提前开始"的学业和技能训练正在挤占幼儿游戏的时间和空间，压榨幼儿宝贵的童年时光。理论上、口头上重视游戏而实践上、行动上轻视和忽视游戏，已经成为一种在幼儿教育领域中普遍存在的"游戏困境"。虽然游戏被明文规定应当成为幼儿园的基本活动，但是在实践中，游戏却往往成为可以被随意从活动日程表中拿掉的"最不要紧的"活动。如何对待儿童的游戏、是否坚持幼儿园"以游戏为基本活动"，事实上已经成为近二十多年来幼儿园教育改革中的一个焦点问题。

　　"他山之石，可以攻玉"，阅读这套游戏译丛，我们不仅可以了解英国的早期教育研究者和实践工作者面对"游戏困境"所作的选择和坚持力行的教育信念，也可以进一步了解游戏的价值和重要性。

　　这套译丛由五本书构成：

　　珍妮特·莫伊蕾斯（Janet R. Moyles）编著的《仅仅是游戏吗——游戏在早期儿童教育中的作用与地位》讨论了游戏和学习的相互关系，从语言、问题解决和创造性三个重要的发展领域论述了

1

游戏的价值和成人（包括幼儿教师和父母）应当在幼儿的游戏中扮演的角色，并且具体地讨论了幼儿教师组织和指导幼儿游戏的途径和方法有哪些、在游戏中如何观察和评价幼儿的学习和进步、儿童游戏和成人游戏有何区别等。本书在写作上的一个鲜明特点是注意利用鲜活的实例来说明游戏的价值和意义。例如，每一章首先呈现教育情境中的游戏实例，然后讨论分析蕴涵其中的明显的和潜在的学习，并就如何激发和维持儿童的学习提出建议。本书最后对儿童游戏与成人游戏的言简意赅的论断振聋发聩："儿童游戏是为了面对现实世界，而成人游戏则是为了逃避现实世界！"

由珍妮特·莫伊蕾斯主编的《游戏的卓越性》是一本论文集。该论文集邀请了多位英国著名的学前教育研究者、教育者讨论关于游戏理论和教育实践的关系。游戏的卓越性在于游戏的多样性和灵活性。不同的作者从不同的角度探讨游戏的价值，为我们展示了一幅关于儿童游戏的教育意义的丰富多彩的画卷。通过阅读这些论文，我们既可以了解英国研究者和教育者对于游戏作为幼儿独特的学习方式和学前教育（包括课程与教学）以儿童为中心、以游戏为基础的文化认同和专业认同："就儿童个体而言，任何对游戏价值的怀疑都应当受到批判"；也可以通过书中给出的大量具体案例，了解怎样通过为幼儿创设适宜的游戏条件和适宜的指导干预，促进幼儿在读写、艺术、数学、科学等各个领域中的学习。同时，研究者也为教师鉴别、评价和监控他们在教室中创设的游戏环境的质量提供了一个比较完善的理论框架。每篇论文都可以作为一个相对独立的章节来阅读，但它们彼此之间在内容上又可以构成一个相互联系的整体。

《通过游戏来教——教师观念与课堂实践》是一份探讨幼儿教师的游戏观念和实践行为关系的研究报告。长久以来，西方幼教工作者深信自由游戏对于幼儿学习和发展的价值和意义，"观察与等待"被看做是教师在幼儿游戏中应当扮演的角色。但是，以社会建构主义为理论基础的现代教育改革认为游戏不应当被看做一种自由的和完全无结构的活动，质疑自我发现的方法对于缺乏经验的年幼的学习者的作用，认为仅仅强调幼儿通过游戏学习是不够的，"通过游戏来教"正是一个完整的教育等式所缺失的另外一半，要求教师为幼儿提供"高质量的、有目的的游戏"和"有价值的活动"，强调为幼儿设计和提供以游戏为突出特征、学习内容广泛且平衡的课程的重要性。这不仅提出了关于"高质量的"学前教育的新的价值判断标准，也对传统的以儿童中心主义为理论基础的结构松散的学前教育环境和对幼儿游戏放任自流的态度提出了重大的挑战。如何通过游戏来教从而确保游戏能够被包含在课程框架之中，对于许多实践工作者来说，从理念到行动上都需要发生转变。尼尔·本内特（Neville Bennett）、利兹·伍德（Liz Wood）和休·罗格（Sue Rogers）认为要提高教室中游戏的质量，必须通过深入教室现场去研究教师关于游戏的观念（理论）和行动（实践）之间的关系以及影响教师观念转变为行动的中介因素。因为"当我们在争论游戏在学前教育课程中所处的地位时，我们实际并不了解教师到底在做些什么以及教师为什么要这么做。我们不清楚教师的理念如何影响到他们的实践，以及有些什么因素在作用于这些影响"。本书的第一章和第二章综述了关于游戏问题的各种观点和理论上的变化以及有关教师观念与行动方面的相关研究，提出了研究的目的和意义。第三章采用"概念图"（concept map）的方法描述了教师关于游戏的观念（理论），研究表明教师关于游戏的观念在"概念图"中可以用六个相互联系的关键领域表现出来，包括游戏的本质、学习和游戏的关系、教师的角色、课程的组织和计划、儿童学习的评价以及影响观念转变为行动的限制因素等。不同的教师对于这些问题的看法具有惊人的相似性。第四章分析了教师观念（理论）与行动（教育实践）之间的关系。第五章通过对三位教师深入的个案研究，进一步深入地说明了这些关系。这份研究报告不仅为试图尝试进行教师观念与行动关系研究的研究者提供了一个很好的范本，它所揭示的影响教师游戏观念转变为行动的结构性限制因素〔例如，来自于外部系统的期望的压力、支持的缺乏、各种规定（如时间表、国家课程），空间和资源、班级规模等〕对于我们理解教师、理解幼儿园游戏的现实也不无启发。

《游戏的关键期——0～3岁》详细讨论了游戏对于0～3岁儿童身心全面发展的重要性以及如何通过游戏促进0～3岁儿童在各个方面的学习和发展的具体方法。这本书的作者朱莉娅·曼尼·莫顿（Julia Maning-Morton）和玛吉·托尔普（Maggie Thorp）花了长达两年的时间对0～3岁幼儿的游戏进行了全方位的翔实而深入的研究，并且在此研究的基础上形成了在英国本土已经得到运用的"关键期：为3岁以下幼儿提供高质量的教育框架"的课程模式。本书正是作者试图将他们的研究成果和0～3岁幼儿游戏课程相结合的一部集大成的理论著述。本书全方位论述了各种类型的游戏对于幼儿发展的重要性，深入探索了游戏对于幼儿发展的作用。本书还在深入论述幼儿游戏的基础上介绍了许多可操作的支持幼儿深入游戏的方法，有助于读者将游戏的理论和游戏的实践更有机地相结合。可以说，本书既有来自学术界和研究者的理论观点，也有来自教师的实践智慧，信息量大、方法具体、可操作性强，对于父母、教师或者从事教师培训的人掌握游戏开发的有效策略不无裨益。

《我的游戏权利——有多种需要的儿童》的作者罗伯特·杰·欧（Robert J. Orr)）是一位特殊教育工作者，与有多种需要的儿童工作多年，在特殊教育领域有丰富的经验。作者以一个有特殊需要的儿童口吻来表达特殊儿童的需要和经历，用有特殊需要的儿童的眼睛来观察周围世界，帮助读者应用心理理论进入有多种需要的儿童的世界。正如原丛书主编所指出的那样，《我的游戏权利——有多种需要的儿童》"属于那种能深深吸引你的书，它会让你因沉浸在书的内容中，忘记下车而坐过了车站"。这本书以一种独特的方式帮助我们了解怎样关注和保障有多种需要的儿童游戏的权利，分享作者在特殊教育方面的经验和智慧。

"游戏绝非是'剩余时间'，也不是多余的活动……在非常关键的早期发展阶段进行的游戏对于今后所有的社会性活动的发生和成功是极为必要的。"但是，我国传统的"重读书、轻游戏"的文化生态和现实生活中重"功利"的教育价值取向，使得儿童的游戏往往不被重视，儿童游戏的权利往往得不到保障，儿童游戏研究至今仍然是一个薄弱的领域。

翻译这套丛书，不仅希望为学前教育专业的学生和幼教工作者提供有助于专业化发展的参考资料，也希望更多的人能够了解儿童游戏的重要性，激发大众对于儿童游戏的兴趣，了解在人的一生发展和学习中应当如何真正和有效地利用游戏。

刘焱

2009 年 11 月 21 日

前　言

　　这些章节在于阐明一些理解多种残疾者的发展和需要时的主要原则。这本书是针对家庭和专业工作者的。当标准的纯理论的教科书似乎过于让人敬畏时，本书可以作为一个故事，或者一种技术性的信息资源。它包括干预的有效方式和无效方式的例子，作者还对如何把那些看起来与当前的课程方式无关的经验看做是有教育意义的活动进行了解释。故事中的这个孩子是成百上千个儿童的化身，如果没有见多识广而敏感的看护者，这些儿童是无法发表他们对生活的看法的，也没有权力创造自己的生活。本书关注的是幼儿期和游戏的需要，也包括与所有年龄群体、不同的专家——理疗家、医师、教育者和社会护理员——以及家长有关的资料。

导 言

　　我就像为某些群体而发言的其他作者一样，虽然自身并非残疾人，但却尝试从残疾人的角度来表达观点。我采用这种虚构的写作方式并不是因为怯懦或懒惰，而是为了能够用一种可信的口吻来讲述一些人的经历。我记得有些代表作正是采用了这种表达方式，例如彼特·凯里（Peter Carey）的《特里斯坦·史密斯的非比寻常的生活》（*The Unusual Life of Tristan Smith*，1994）是从一个"天生多重畸形"儿童的视角出发、托马斯（Thomas）和让杰克（Znaniecki）的《波兰农夫》（*The Polish Peasant*）以及艾萨克·巴什维斯·辛格（Isaac Bashevis Singer）的《羽毛王冠》（*Crown of Feathers*）。

　　这本书的部分有赖于已过世的戴维·普莱斯顿和我对他的生活及学习所作的一些记录，他在因喉癌而生命垂危之际，曾嘱托我"一定要完成这本书"！我的编辑蒂娜·布鲁斯（Tina Bruce）也经常对我如此要求，她还力劝我的妻子莫利亚（Meryal）对我进行同样的催促。现在我终于完成了这个任务。

　　20世纪中叶，戴维在4岁时进入了英国皇家盲人协会的阳光之家（RNIB Sunshine House）。他依稀记得那里有些小婴儿仅是因为失明便被送到那里，在没有任何期中休息的漫长学期中很少会有父母来探望他的同伴们。然而戴维的母亲（据他说是"大嗓门儿且带有苏格兰口音"）却保持每两星期一次的有规律的探访。当年她还没到预产期，就在远离苏格兰医疗服务点的一个露营大篷车里生下

1

戴维。戴维的失明和残疾一部分是因早产所致；一部分是由于早产儿保温箱治疗是当时唯一可行的方案。

对于自己在什鲁斯伯里（Shrewsbury）附近的早期学校就读期间所感兴趣的人，戴维能用他们的声音再现整个谈话。他记得他的一个同伴被带到雷明顿温泉阳光会馆（Leamington Spa Sunshine House）时还是个婴儿，虽然当时这个孩子还不会说话，但是这个同伴能够回忆起他入学时在父亲的怀抱里听到的谈话。

作为一个广播记者，戴维探访了位于拉什顿霍尔英国皇家盲人协会的母校，当时我是那里的校长。我们在教育、哲学、政治及鲜啤酒方面有共同的兴趣，但是在宗教方面存在分歧。他跟我一起加入了一个家长委员会，这个家长委员会创建了家庭视力联合会（Vision Homes Association），该联合会为视力受损及其他残疾者提供家庭协助和住所。戴维与每个人讨论人生、人生的意义和内涵。他承认自己肌肉痉挛和失明，但他并不认为自己因此而痛苦。他积极争取着自己和其他残疾者的权利，尤其是为了那些不能清楚清晰地向别人表达自己意图的人。

在莱斯特郡（Leicestershire）一个离他家很近的一个火葬场举行的追悼会上，播放了录有他那微弱声音的一段录音。他在录音中说，如果他死后看到的第一个东西是救世主的脸，那么他将心满意足。

我写出这些他记忆中的原文，并强烈地希望那些为有着多重需要的当事人和学生工作的人，在为他们提供帮助时做出更加合理的判断。要不是他们身有残疾，他们也不需要这些内容。阅读它的家庭则会在满足他们孩子的需要方面少走弯路。

面对熟悉的生活方式发生改变时，这些家庭有时会发现自己是孤立的并且准备不足。在这个残疾人融入社会的时代，过去对于特殊学校和专家提供的专业技术知识的关注，现在则有充足的理由变得几乎没有了。相对地，新手从有经验的人那里学习技能，或者接触与自己有相似问题的人的机会也越来越少。以前我和一些为了弄明白什么是"适当的"而奋斗的人一起工作过，现在我传达他们在罗西顿（Rushton）以及国内外其他地方所提出来的问题和成果。我作为多重残障和视觉障碍领域的培训者和同行，也曾访问过那些地方。在1979年到1991年之间，我经手的有多重残障和视觉障碍的儿童约110名。从那时起到1999年，作为培训者，我又遇见了数以百计这样的儿童。

我希望所有的工作者和父母都能接受我的感谢，感谢他们慷慨地贡献自己的发现和知识，并希望他们在这小说化的描述中能够愉快地找到自己的身影。

我尤其要感谢蒂娜·布鲁斯教授（Tina Bruce）的鼓励和支持，感谢彭妮·霍兰德（Penny Holland）建议蒂娜（Tina）将本书分成章节。

我在英国皇家盲人协会《眼睛接触》杂志中的"奇闻轶事"专栏是以下这些问题的试验场地。当然，书中的错误和曲解是我自己的，但是书中的精华部分应该归功于那些有天赋并鼓励我收集和传播他们故事的人。

戴维和我为这个项目设定了一个工作标题——"一种生活"：读者，愿你们长寿且成功！

目　录

My right to play : A child with complex needs

第一章 安全感

我从来都不是你们所谓的"健康宝贝"。这很新奇吗？我并不是完全健康健全的孩子。出生的头几个星期，我是在一个保育箱里度过的。在家里，妈妈曾以为我安静下来是意味着我一切良好，但实际上我是有些筋疲力尽而闭上嘴巴。有时我会在大家面前安静地躺着，想让他们明白我想和他们玩，但似乎没人能领会我的意思："我安静下来是为了得到你们的注意。"

在本文中，那些不能使用视觉作为学习主要方式的儿童，常被描述为对刺激做出的反应是"安静"。

保持安静的最大好处是你能更加清楚谁在这附近。

专心和闭嘴是两种非常不同的安静，一个带有目的性，另一个是因为疲倦。只有我的姐姐似乎能明白这其中的区别，但因为她当时年纪太小而没办法向大人解释清楚我这两种安静的意思。她那会儿常说："好吧，我离开让你安静会儿，但很快就回来。"（虽然她有时会因为一些其他事牵扯住精力而忘记我）不过有时她会说："是呀，真是奇怪的声音，是吧？对面的铺子外停了一辆卡车，有个人从上面把饼干搬下来。"

她有时能明白我并没有在专心听声音，而是在弄明白某股气流是从哪儿过来的，或者某个味道是什么。当我觉得太热、太冷或者无聊、孤独的时候，她常常清楚这些并且会抱着我四处晃，这总让我得到无尽的快乐。

爸爸那时对我特别紧张，抱起我时好像我会在他手里碎掉似的。当我强壮点儿的时候他才好些，后来还让我坐在他的肩上出去玩儿。

我记得他第一次把我装进他的帆布背包在一家商店乘电梯的事。他以为我尿裤子是因为害怕了，但直到他注意到我的表情时才发觉我那是因为太兴奋而管不住膀胱。

> 沃尔夫逊中心的帕翠茜娅·桑克森和她的小组把"打斗和翻筋斗"称为"父亲式的玩耍"，而且他们观察到残障方面越多的儿童，他们进行抛扔游戏的机会就越少。这种游戏可能是一个儿童早期经历的一个必不可少的部分，能帮助内耳前庭器官平衡的发育。桑克森等（1984）认为，有很多因素可以延缓儿童的多重发育。

我爷爷注意到我喜欢把那个旧的镀锌洗衣缸作为玩耍的地方，他第一个在洗衣缸边缘系了个玩具娃娃在缸里面晃来晃去，我可以用水溅湿它。但奶奶认为一些旧塑料会对我不太好，她把所有真正有用的东西放了进去。

奶奶已经明白了我对这类游戏的需要。她收集了两端摆动并且有木柄的金属物品，甚至拿出了一支祖传的搅粥木棒（一个能转的木棒）。那是她的奶奶用来搅麦片粥的，从那以后我再也没见过第二个那样的木棒。我有时会用大拇指摩擦其他手指来回忆那根木棒给我的感触，那上面充满了凯尔特人烹饪时的感觉。这能让我放松下来，在经历了令人沮丧的一天后进入梦乡，那仍是我最喜欢的一段记忆。多年来，大家都很惊讶我竟然如此依恋木头块，并拒绝那些可以抱在怀里的玩具。

其他联想到的记忆是关于一个锡制浴盆的底部和侧面。我可以摸到目标，一边用背蹭着会产生回响的底部，一边把我的脚压在把手末端上。我也会被放在一只大篮子里玩，我能感觉到我一缕缕的头发与那编起来的藤条缠在一起，所以当妈妈把我抱出来的时候，我应该在那里面留下了几根头发。

丹麦特殊教育工作者莉莉·尼尔森博士（Dr Lilli Niels-en R，R在这里指尼尔森博士于2001年登上丹麦新年荣誉名单成为一名女爵士），写过一本引人入胜的关于盲童听觉的作品，叫做《小房间》（the "Little Room"），该书描述了她为盲童的狭小的听觉空间所做的工作。她的《空间和自我》（Space and Self）一书向普通读者讲述了她的研究：被动的儿童一旦被安放到一个有共鸣的平台上，置于一个被坚实的围墙包围着并充满了有吸引力的材料的空间中，他们的活动便会增加。她的博士论文是关于盲婴伸手抓住物体的行为，这篇论文的英文版《先天盲婴的空间关系》（Spatial Relations in Congenitally Blind Infants）可以在英国皇家盲人协会处获得。

想想看，被举起来时经常可能留下点儿身体上的一点东西。突然的加速让我觉得自己会被拽成碎片。这方面我的姑姑苏做得最好。她在抓住我之前先抚摸我的肋骨，发出"哈"的一声把我举到她膝盖位置然后放在她腿上、肚子上和胸前，再把我举过她的肩，用她的脸颊蹭蹭我，再轻轻用她的头发磨蹭几下。

一个没有看见你如何接近的儿童会被突然出现的接触吓到。因此，照看这样的孩子时，全面的接触便常常很是必要，这能够通过分阶段或者从没有威胁的接触开始来让他们觉得不再那么难以接受。在解释接下来会发生什么时，让儿童的脚或膝盖休息一会儿，就能避免他们的惊跳反应，并轻松地从一个状态转到另一种状态。

我记得有个夏天我发现了姨妈有脚指头，虽然她比我妈妈胖但其实体型差不多。我还记得提姆叔叔胡子上满是可怕的烟草臭味，而且他前臂突出的肌肉上布满了汗毛。他以前曾用他那男低音在我脖子后面哼哼，弄得我歇斯底里地大叫。估计就是他向我爸表明了其实跟我闹闹也没什么大不了的。他能把我和姐姐一起夹在同一只胳膊下面让我们上气不接下气、扭来扭去想逃跑，然后再次被他抓住。

叔叔最后一次把我举到他腰间时，我 19 岁。他把我丢进公路加油站里一个满是彩色塑料小球的球池，喊道"所有人都能进去"，然后自己也跳进去。保安把他弄出来然后帮助我回到轮椅上。他们对他的宣言没觉得有多好笑，反正乐子多的是。其他桌上的人对我们发出啧啧声，我叔叔全身紧绷准备好要采取行动，但他只说："嗯，你们自己去吧。"我觉得他那会儿表现出非凡的克制力。

我的老师认为只要她的一群孩子们到了，就可以用 6 分钟清空一个公路服务站的餐馆，毕竟乔帕·布莱克就是个出人意料的伙计。那时我们的看护常会带着张小卡片，如果有人想要与我们中的一个心情沮丧或者只是在那里静坐的人交谈时，那么这张卡片就能不经意地告诉他们一些信息，比如我们是谁、我们在做什么、如果他们想要更多的信息应该打电话找谁。有一次我的一个朋友揪住自己的头发尖叫，我们差点因为被怀疑虐待儿童而被带到警察局（这样的情况下更像是员工虐待），是那卡片让我的看护们避免了麻烦。

那天在餐馆，我叔叔还抱怨桌椅都被螺丝固定在地板上，让我不能靠近桌子。还好我的爸妈当时不在，不然他们会尴尬得要死。

叔叔舀了勺卡布奇诺给我，过去 15 年里他每年都会这样做个三四次。有天我会告诉他，其实他用不着为我要求额外的巧克力，但是我不想让他为这事心烦——他真的认为向卡布奇诺里面加三次糖是必要的吗？叔叔总是用胳膊肘碰碰我，说这是他的特别优待，而姑姑苏会假装她没看见他做了什么。如果旅途中没有了这些插曲会变得很单调。

长途旅行总是让人不知道如何是好，有时还会让我很烦躁，特别是当人们忘记告诉我要去哪里的时候。当闻到一股面包车的尾气时，我已经穿过了一小片地。事出偶然，事先没人告诉我，我被匆忙带离托儿所上了辆面包车，然后再也没回去过。从那之后的好长一段时间里，我都认为只要坐进面包车，就不会再回到那个我被带离的地方了。我的一位老师后来改变了这个情况，他总是会说我们要去哪里而且我们之后会回来。这样我就能放松下来，比以前更愉快地享受旅程。

我的看护认为她发现了一种新型的残疾——不能上下面包车。我的一个澳大利亚朋友就是这样，她把四肢伸得太长，所以没办法通过车门。对一个孩子来说，对邮政信箱一无所知并且在大多数皮亚杰测试中拿零分其实也没有多么糟糕。有个心理学家一直帮她减轻对面包车的恐惧，直到后来有人提出其实她这样是不想去学校。在那段时间她总是迟到，因为她妈妈要把她骗进面包车，说并不是去学校而是其他什么地方。

她 13 年来说出第一个词的时候我也在那里。当她是小孩的时候她也曾讲过话，不过后来她的眼睛因为青光眼带来的疼痛被切除了，手术后她醒过来，两只手被绑住以防她抓绷带，她说："他们对我的手做了什么？"这是她最后一句话，直到一位巡回讲学教师把一个建筑工人用的巨大废料桶放在她头上，里面放了弹球不停地响。这个女孩说："她放了什么东西在我头上？"说这句话并不是什么了不起的事情，但是相对于 13 年的等待这句话却是非同寻常的。她最终转到了一个为多重残障盲童开设的特殊学校，她的"上面包车障碍"问题也得到了明显的自然改善。我的老师有时会告诉人们，她这是种"选择性缄默"，有些人对这个词感到疑惑，后来她为了使非语音和语言治疗师（像我这样的）能理解这个词，把它翻译成"能够说话但选择不说"。

有位大婶像大多数人一样认为我不理解语言，总是把我的毛巾和衣物卷起来，并坚持让我在去游泳池的途中放在膝上，这样我才会明白我要去哪儿。我以前觉得她这样做很蠢，但有天我在巴士上打了个盹，醒来后非常惊慌，直到我感觉到大腿上的毛巾才意识到是怎么回事。

我姐姐总是把她的泳衣放在一只束带包里，并且一直用一条上面有她名字的毛巾。虽然任何旧毛巾都一样能擦干，但那会儿我觉得要是自己也有条那样的毛巾该多好啊。

在水池那里，那位毛巾大婶取得了一个突破。我从没忘记这事也从没谢过她（我从没正式地感谢过任何人）。她把我搬进一个淋浴池，让我从两种洗发水里面选一个。以前从没有过这种事。我愣了一下，她却直接拧下盖子让我闻闻它们。有一个是迷迭香味道的，我不能想象整天都闻着这种味道，所以选择了松木香的。她注意到我的腿和下巴僵住了，便以为那是肯定的意思。为了向她证明我这种动作确实是表示肯定的意思，接下来的一周我又选择了迷迭香味道的，虽然让整个人每天闻起来像个香草园子。我打算告诉她，我比我们班上的名叫迷迭香的女同学（后文被译为罗斯玛丽Rosemary）闻起来更好，但我不知道该怎么告诉她。

朱迪斯·库普-欧科姆和朱迪斯·歌德巴特（Judith Coupe-O'Kane and Judiith Goldbart，1998）鼓励我们将所有动作都作为一种潜在的交流行为，这样儿童便能注意到那些动作是意图交流。对于处于前意图阶段的人来说，这样也许有些特别，但之后可能发展为一种惯例信号系统。《先于语言的交流》（Communication Before speech）第二版中有个"情感交流表"，该表制定出在对任何给定刺激进行反应时，可能处于活跃状态的身体区域。这些动作需要观察，并作为信号使用。

奶奶有个讲话口音很古怪的妹妹，后来我知道那是北英格兰口音。她总是叫我"小孩"，让我迷惑了好长时间。她是第一个让我注意到自己缺陷的人。她大概了解所有疾病。有次她甚至在我旁边流泪，说"如果那些小眼睛能够看见就好了！"这是个好机会，因为我那时刚开始学习人为什么知道而且总是做些让我完全迷惑的神奇事儿。

我对于其他人的大部分看法是不完整的或者说是杂乱的，而且我想弄明白我的轮椅是怎样带着我从一个地方到另一个地方的——即使是在不熟悉的环境下，而我姨奶奶那哀伤的话给了我一些线索；事实上，这也是把各部分联系起来的关键点。我开始明白为什么别人看得见而我看不见。我在视觉方面并不算是个专家，但我对它是如何工作的确实有些概念。有些事还是把我难倒了——像看得见的人是如何通过一个小窗户看到很大的东西。我知道这与视角和高中物理有关，但我的课程中从没有过这方面的资料。他们告诉我，我还需要努力学习"更高水平的物理"，或许我会达到他们所具有的那种水平吧。

一位老师把轮椅放在我面前而我可以通过敲打和摸索对它来进行全面研究，我第一次知道完整的轮椅是什么样的。我已经在轮椅上坐了很久了，对它是怎样工作的却是没有任何感知。这样从另一个角度来研究它倒是有点帮助的。

小结

● 一个安静的孩子也可以是专注的。
● 儿童需要适量打斗和翻跟头来保持健康。
● 小型声学空间是很好的玩耍场所。

第二章 时间感

　　如果我把我的故事按时间顺序编排的话可能会好些，但我的记忆系统（如果它能称为一个系统的话）不稳定，它可以飞快掠过几十年，比小说《星际迷航》里面的"进取号"还快。

　　我在学校有一套帮我构建时间的体系，还能弄明白时间表上事情安排的顺序。然而生活并不像这样：联想能引发生动的记忆，但这些记忆在时间上并不连贯。有时我相信梦和其他事情是一样的。这些全都是我记忆中的碎片，但我将尽可能地用一种你们能理解的方式来排列它们。

　　以那个学校体系为例，它在我的早期生活里可能并不存在，但它代表了某些重要事情的出现。学校的体系主要用来全面控制我，并让我预料到接下来我要去做什么，不管我本身愿不愿意。总之这套体系不会跟我商量我会在何时、以何种方式被介绍给别人之类的事情。我不能控制其中的时间和方式，但别人可以，这套体系就是这类事情的代表。

　　我的老师发现了一种方法，她让我抓住一个圆环，并经常说"圆圈时间"①；接着把我带到某个老地方的地毯中央，让我等待好长时间才把我介绍给同学（要么是我，要么是别人，反正都要等很久）。我总是不明白这样做有什么必要，因为我听得见他们所有人

---

　　① 译者注：即集体活动时间，通常孩子们围成一个圈做在一起，所以称为"圆圈时间"。

都进了教室，而且都知道我在教室里（主要是由于我的看护那令人气愤的大笑）。

"圆圈时间"之前先展示了一个小橡皮圈。我的老师觉得我会将这暗示与"圆圈时间"联系起来，我确实很快就这样做了。我记得我扭曲着脸试图说："哦，不，千万别是那个'圆圈时间'。"而老师却说："抓握动作不错，就是你最喜欢的'圆圈时间'。"

如果我的姨奶奶哀叹过"如果那些小手可以抓握就好了"，或许这样我就能早些注意到我有时是在痉挛。大部分孩子都能扔橡皮圈，但我只能让它们在我的紧握下压得变形。我并不是真想握紧，只是痉挛发作了我没办法控制握手和松手。而且不仅是我的手会不听使唤，声音也常变得不像我发出的声音。

当人们觉得我的一些叫喊和我那不怎么常见的打嗝声大概含有点儿意义时，讲话的人几乎都以为我说了什么而几乎都会做出回应。

我的右手有严重缺陷，进一步说，这个缺陷让我觉得右手似乎不是我的一部分。事实上这是大脑瘫痪所致，我把自己遇到的大多数麻烦都归咎于这个疾病。

> 痉挛协会，或称委员会，曾发布过一则新鲜的宣传，说脑瘫在人群中的正常发生率是 0.2%，因此患脑瘫是正常。多好的逻辑！

其实我能灵敏地把一个瘦高的人举到我的胯部位置。有人曾告诉我，他们不得不挣脱我的左臂，因为他们觉得那好像在骑自行车。

我第一次进入一个"小房间"是在一个展览会上，那时老师借到了一个。她总是把各式各样的东西放进去让我敲打。有次在全班都必须参加的读写时间里，她让我进了小房间，在我周围挂了各种的文具。那里有个不错的铅笔盒，我左脚踢到它后会叮当响；还有个笔记本，我的右脚可以对它施法。我的左耳边有些墨水笔，左手处有把尺子。那天我玩得很高兴，尤其是当我把一个卷笔刀放在嘴里的时候，我发现我只要呼气就可以当口哨吹。

"小房间"大约有一立方米，由连锁杆和嵌板构成。它在瑞士制造，但配套的共鸣平台必须在本国构建。互联网上有种新型的简单直立版本。同时，书桌下面放双膝的地方应该也能发挥作用。

小结

● 与活动相关的物体和动作有交流的潜能。

● 通常来讲，是没有足够的事情可以让盲童去做。在他们周围挂上很多东西，可以避免他们丢失物品，也就不会让他们产生受挫感。

第三章 地点感

我的世界曾经很小，有点像是仅仅存在于我的脸颊周围——那些我能闻到、听到并且感觉到的地方。任何离我更远的事物都会逐渐淡出我的世界，成为不存在的东西，而且当它出现或再次出现的时候都会让我大吃一惊。

特鲁迪是一位"有特殊需要"方面的访问老师，她立即用一种简单的方式给我上了一堂非常重要的课。

我们胡乱拨弄托盘里的东西，通常是些为像我这样的孩子所准备的各种各样奇怪的金属物件，她把这些东西装在一个袋子里。她用来夹废弃油漆罐的一个夹子从托盘里滑落下来，消失了（有视力的人可能会说"掉在地上了"）。特鲁迪弯下腰捏着夹子打开又关上使它噼啪作响，这样我就能听见它在哪里。它像平时一样掉在地毯上，所以我听不见它落在哪里（可能没有把落地的声音与掉下的夹子联系起来）。她用夹子敲打我轮椅的前轮，然后拽着它向上到了我的大腿和身体，这样它就沿着一种可知的路线出现，离我脸部周围的世界更近了。

那是那种硬币掉落的时候，说"啊哈！"的时刻。我的世界扩大到了轮椅脚，甚至比我自己的脚还远些。以前脚对我来说似乎是遥远且不重要的，除了胡乱摆动几下我找不到在哪里能用上它们。现在我更多的用它们来找东西和一些临时信号。

在班里制作一个信号录像时我们玩得挺高兴，我们一起"做同样的"动作。我的护工帮我将双手食指伸出来并碰到一起，而其他大多数人可以独自完成。在看重播的时候，有位老师注意到我把双脚碰在一起。从那天起，他们为了交流会更好地观察我脸部和手以外的部位。最后，他们明白了我摆动左脚表示"不，谢谢你"。我们最终也达成了一致，双脚一起轻敲表示要求更多同样的东西。我忘记了这些是怎么从"做同样的"动作发展出来的，但他们确实发现我的动作和想法一致。当然，那些我什么都不想干的怪异日子除外。

如果我有些失常，那么我通常能在早晨告诉妈妈，有时候我会说服她别让我去学校。我知道我在学校里也不会有多好，我讨厌那些自闭的日子，在这样一些日子里我会觉得每个人、每件事都有点烦人。他们总是有些唠叨地说："来吧，我知道你能做这个，我们上个星期已经做过了，我还在你卡上打过钩。"

有个家伙喜欢带我去户外，我估计他应该是在做实习生计划之类的。他能发现我哪些天情绪低落，会自愿带我绕着学校操场散散步。最好的是，他不会用太多的琐事来烦我，只是让我一个人吸收我能吸收的东西，想打盹也可以打盹。他身上整天散发着手工卷制的雪茄烟味道，这能帮助我辨认出他。我不知道这在全英教育标准办公室（Ofsted, Office for Standards in Education）看来是否能算物有所值（他们所花的钱获得了相应的价值），但是我的确感激那个低投入的年代。

说到教育标准办公室！现在学校里还有一个哑剧表演。我们第一次表演的时候，我的老师情绪失控到发狂。我确信从教育标准办公室来检查的人曾一度想把她送到精神病院去。在他们观察她的第三天，她还记不住我的名字，但是她又想得到好的评估。后来因为学校的供暖系统坏了，所以我们所有人都必须在那天回家。我有时候会想那次是不是有人故意破坏了它，还是说命运既会有恶作剧又会善意地捉弄人呢？

叔叔说生活就像抽彩票，而我拿了一张废票。他有时候会有点忧郁，当我们单独在一起的时候，他会告诉我他所有的担忧。我挺想成为一名咨询师的。只要我能在恰当的时候说声"啊嗯"就能发财。据说我们学校的心理学家都来自"啊嗯"咨询学校。我确信这样做我也能养活自己。

叔叔说我是他唯一一个不会给他愚蠢回答和无用建议的倾诉对象。我似乎凝视着他眼睛后面脑中的某个地方，他相信我是在读他的思想。实际上我并没有那样，尽管他是个很容易懂而且平庸的人。我可以像读一本书一样读他，但问题是我不能够读书，所以用他最喜欢的一个词来描述：和睦的关系。我和他达到了这种状态。这有点像那个家伙，那个当他厌倦了课堂并看出我也一样的时候就会带我沿着操场散步的家伙。

如果陪伴很简单、没有什么要求的时候，我很享受这些时光。学校让我最苦恼的地方是他们几乎每时每刻都要让我做我并不擅长的事情，让我感到筋疲力尽。而且每次我完成了一个作业，他们都会提高标准，考虑安排给我一些更复杂的。

如果阅读我的能力清单，没有这方面相关知识的人看了会觉得相当郁闷。老师拿出莉莉·尼尔森的机能和教学进度表（Lilli Nielsen functional and instructional schedule），只要发现我不能完成某个部分中的任何一项作业，她就会效仿我妈妈在家里使用的特鲁迪想出的方法，再增加一些我能够做的作业，并绘制打钩的记录表格。她这样做并不是在自欺欺人。我们曾告诉过她，机能和教学进度表的发明者建议她应该这样做，这是因为没人能预测每个儿童的起点，所以我的成绩需要被记录和被鼓励。对我来说这听起来还不错。

团队合作和联想总是让我感到吃惊，并给我留下了深刻的印象。这也让我的老师感到高兴。

小结

● 当丧失视野或声音的距离感时，触及不到的世界会很神秘。

● 把每个动作都作为潜在的交流。

● 伟大的成功需要点滴积累。一些人喜欢记录这些逐渐成长的步伐。

第四章 感知他人

我一直都知道别人的身材大约是什么样子的。我想这是因为我以前总是和我姐姐一起洗澡,而且大部分空闲时间她都和我在一起。或许这也因为叔叔认为我不应该在婴儿车和其他婴儿箱中待太长的时间。他阅读了有关石器时代文明的书,并认为我最好能像美国印第安儿童一样永远跨在别人的屁股上。结果,我对屁股、手臂、嘴巴、手以及其他我经常接触的部位都有很好的概念。

珍·李德劳芙 (Jean Liedloff) 在她的《连续的概念》(*The Continuum Concept*,1975:64) 中描述了亚马孙河区的印第安人总是随身带着他们的孩子,认为西方人使用儿童车、吊床、游戏围栏和婴儿车会令儿童与他们的看护疏远,并且对这种情况做了相关评论。盲童在婴儿车里时似乎对周围的感知甚是遥远,更何况即使是有视力的儿童也只是用有限的视觉接触来替代能够让他们安心的身体接触,莱德罗芙认为身体接触是情感发育所必不可少的一部分。鲍尔比 (Bowlby,1951) 的早期研究以及在福斯 (Foss) 中哈罗 (Harlow,1961) 的悲伤猿同样有力地证明了这种观点。

通常发育中的婴儿在躺着的时候会玩或啃自己的脚趾。我从未做过这种脚部探索,直到我的腿和脚被触到了一些东西,我对身体才有了完整的印象。在那之前，我也不会觉得有必要了解其他人的脚。有次我被放在一个做巡回残疾展的老师面前，然后我的探索便开始了。他被请来解决我的寄宿保育所里看护们的问题。我记得他的脚让我大吃一惊，这可能是因为它的大小和存在都让我觉得惊讶。艾力斯（Alice）展示了如果有人扶着我盘腿坐，我的手臂能够更好的运动。我的两腿交叉半支起来，这能使我的身体靠着它。艾力斯脱下我的一只袜子，告诉周围的人说我好像更喜欢光着脚。

小组里的每个人都在保育所楼梯底下脱掉鞋子（内部规则），有人会时不时碰碰我的脚趾。我意识到建议这样做的人就是那个家伙。他说我获得的信息很少，我需要通过我能得到的所有渠道来获得对世界的信息，而且赤脚能帮助我发现各种各样的事物。根据这种观点，他也脱掉自己的袜子，我们赤脚相对。他把锡盘拉过来并在里面放了铁链，这样我就能用它们制造些噪音。我和他用脚趾去拨动和拖拉铁链。接着艾力斯把一个沙盘倒置在两把椅子上，这样在我游戏时就形成了一个能产生共鸣的顶。有一次，一个塑胶玻璃板放在我头顶，我发现这样很难听清楚对话声，所以我只能把注意力集中在盘子、铁链和巨大的脚上。我喜欢压低声音的谈话，它能让人分心。

我渐渐发现每个人都有脚。他们也有脚踝和膝盖，但这些发现要更晚一些。我的一些同学可能也一样没有充分使用过这些关节。妈妈说我的脚也不好，但当她试着把我从轮椅转移到厕所座位或床上的时候，我的脚还是挺灵活的。另外，我转身或弯腰的时候可以用腿来支撑。当我在站立架和有大轮子的车上移动时，腿也是很有用的。就像耳朵是用来挂眼镜的一样，我的腿是用来绑尼龙绑带的。这样一来，我就和那些能够使用腿的人一样高了。

当我被绑到一个高高的器械上时，一件奇怪的事情发生了。人们开始以不同的方式对待我。这肯定与婴儿很矮小有关，当我（没有装器械）很矮的时候他们就像对待婴儿一样对待我。现在他们跟我说话时才把我当成有大脑和思想的人（显然，幼小的孩子也有大脑和思想，这可能意味着我们应该更尊重他们）。

> 让儿童离开座位进入站立器械时，琳达·拜达比（Linda Bidabe）的"运动"课程就开始了。

当我矮下来的时候，人们不会觉得在我们要去哪里或者有关地点信息这类事上需要询问我的意见，但其实我非常想知道。实际上，如果我完全有能力的话，我需要知道四件事：

我在哪里；

我和谁在一起；

正在发生什么；

接下来将发生什么。

如果人们忘记告诉我的话，我会生气、恐惧，或者放弃并退缩。总之不会好过。它们是我最渴望知道的四件事，我对它们的渴望甚至超过了酸奶和香蕉。如果我不知道这些答案，那么最好不要接近我。我会磨牙并且从吊架上扯开脚上的绑带，这都是我对于了解这些问题的急迫表现。

> 希瑟·默多克（Heather Murdoch）在担任伯明翰大学聋盲教育导师的时候提出了第四个"需要知道"——接下来将发生什么。

小结

● 盲童可能意识不到事物的全貌，而只了解那些他接触过的部分。

● 挑战性的行为意味着存在了一些儿童不曾知道的信息。试着回答这四个问题，并观察其行为是否有了变化。

第五章 秩序感

　　或许我最早的记忆是当我注意到我能够预测将要发生什么事的那一刻。这并不是说在那之前我会把发生的事情混淆。对我而言，这个世界似乎是个我不能控制的随机事件组成的地方——确实，我想我根本不知道这是一个具有可控性的世界。当我第一次感知到它的时候，我跨越了很长一段时间，并开始理解许多过去的事。我把事件的某种形成过程拼凑起来——我的脑中响起硬币突然掉落的声音，这是另一个让人发出"啊哈"声音的时刻。

　　这一切都发生在门口那次手忙脚乱的战斗中，那时爸爸想把我和姐姐以及所有儿童用品都弄下车，但让猫留在车上。我大概了解些情况，感觉到了这是关于什么、我们要去哪里以及都有哪些人。我现在不能告诉你是哪个信息让我把它们组成一个整体，但是有些是关于我父亲恐慌和兴奋的滑稽样子，后来我才知道是弟弟出生的缘故。

　　我所知道的就是因为爸爸脑中的一个明确的目的，我们要去一个新的、不同的地方。我想这也许就是一个关键点——察觉到爸爸有个充满想法的头脑。

　　在自闭症领域，人们熟知的"心理理论"被认为是自闭症患者性格中缺失的一部分。就像乌妲·弗雷斯（Utta Frith）所描述的那样，他们不知道别人有思想，或者不知道别人知道他们有思想，因此他们会产生各种误解。通过正电子发射断层扫描（Positron Emissions Tomography）可以观察到处理这种思维的大脑部位。盲童在识别他人的想法思维和反应上也是有困难的，因为他们看不见表情或身体的细微变化，而有视力的人通过这些行为上的细微差别来交流自己的内心状态——有时是不知不觉的。这些不能领会他人如何思考的盲童则不应该因为在"心理理论"方面发育迟滞而被诊断为自闭症（见霍布森 Hobson，1993：203～211）。

所以，我对在一个完全陌生的地方被弄下车的时候一点都不觉得惊奇。我没留意那地方叫什么名，但那里有个会咔嗒作响的坡道，这是其他斜坡没有的。另外，还有一个吱吱响的门道通向哗哗响着并散发一股恶臭味的休息室。

我喜欢"臭味"，这是我区分气味的主要种类之一。迄今为止，我知道有 71 种臭味。我对无数气味没有感觉，但我喜欢的味道非常有限，大约有 12 种。这次是一种新的臭味，属于臭味的亚类别，有医院、政府和地毯的味道，而且闻起来是新的，还有些让人觉得发痒的感觉。

姐姐似乎也闻到了这种气味。她用肘碰碰我，说了声"哇"，她知道我明白她的意思。我们吱吱嘎嘎地走过那些坑坑洼洼的走廊。第二天我们来接妈妈和弟弟的时候，我已经能辨认出每条走廊。我最喜欢的是一个松掉的下水井盖，我们右转后，它的位置比妈妈的房间近一码。

妈妈的床很高，我必须被举起来才能上去。妈妈手背上的东西束缚了她，虽然她没有说，但那妨碍了她平时常对我做的爱抚。妈妈向我介绍了她的第二个儿子和第 48 号臭味——一旦我习惯了它，它很快就成为特定的能分类的一种气味。

奇怪的是，过了一会儿，这些气味相互渗透了。它们形成了一种混合的家族式的味道，这种气味能够在你醒来的时候告诉你在哪里。当产生这种气味的东西消失而气味却还残留时，会让我觉得迷惑。我花了好几年的时间去弄明白这个，察觉气味可以由那些从来没有出现在那里的事物产生，例如烟熏培根薯片从来没有靠近过烟或培根。最奇怪的是，烟熏培根薯片的味道是由我们学校感官室里的一台机器产生的。据我所知，那里甚至连薯片都没有。

每次气味机器运行的时候，罗斯玛丽（Rosemary）都会突然一阵尖叫。她不能忍受薯片的味道，因此她会大吵大闹并做咂舌声。她的护工玛丽（Mary）却很喜欢烟熏培根的味道，所以每次我们进去都能闻到那个味道，当然每次我们进去的时候罗斯玛丽也都会那个样子。玛丽觉得罗斯玛丽是因为不喜欢那些闪烁的灯光，她总有一天会解决这个问题的。我们必须对老师和他们的助手非常耐心（这不是一个普遍真理）。

我的同伴安东尼就非常没耐性。如果别人犯了那样的错误他会咬人。就算人家做对了，他也会咬人，这让交流变得困难。

当我开始将自己的经历归纳、建立联系并将它们分类时，事件的先后顺序和秩序感也突然显现了。这样便于管理，但并非每件事都能很好地纳入我的规划表，毕竟有许多事情既无秩序又没有明显的先后顺序。当我开始抓住事件的标记物时，妈妈开始帮助我收集与我们日常活动相关的东西。爸爸在我的床边立了个架子，上面摆放了几十种标记物。对我来说，标记物是具有特殊意义的物体。

最开始的时候是我把一个纸袋夹在腋下，那纸袋是用来装喂鸭子的不新鲜的面包的。像平时一样，妈妈在公园里说面包全喂完了，想从我这里拿走袋子扔掉。我夹紧了胳膊，结果袋子破了，我洋洋得意地发出喇叭似的声音。妈妈从我手中夺走袋子，走向湖边的垃圾桶。我气愤地抱怨起来，然后我惯用的抑郁做法开始了。在接下来几周里的第三次还是第四次尝试之后，妈妈终于发慈悲让我在睡觉之前拿着袋子。第二天早晨，在我疯狂地用力夹紧胳膊表示我想要袋子后，妈妈把纸袋从垃圾桶里拿出来，并决定让我一直拿着它。

正如我意识到爸爸脑袋里面有思想一样，妈妈也发现我的脑袋里面是有想法的，而且可以通过肢体语言和比手画脚来表达我的意思。她通过观察我的行为来了解我的意思。

根据学校一位访问者的意见，我们发明了"参照物"，但是我把它看做"联系纸袋"。现在我有 11 个袋子，每个都有不同的功能。只要妈妈给我其中一个，我就知道我们要做 11 项工作中的哪一项。虽然纸是我最喜欢的材料，但大多数的袋子不是纸做的。这些袋子对我来说十分重要，因为它们让我了解在自己做过的所有事情中哪一个是我接下来要做的。

> 荷兰首先令"参照物"成为聋盲残疾人的一种结构化交流系统，而这个名词的翻译没有任何启发作用。英国的基恩·帕克（Keith Park）和亚当·奥舍尔福德（Adam Ockelford）出版了一些如何介绍并扩展参照物方面有用的书籍和文章。它们对有听觉和视觉障碍的人来说十分重要，也受到了来自不同背景的读者们的喜爱，这些读者在口语或符号语言上有些概念问题。现在英国皇家盲人协会就有奥舍尔福德的《参照物》（*Objects of Reference*）第三版（2000）。

有位老师讲过用物体进行交流的课。罗斯玛丽有满满一托盘的标记物，随着收集物的增加，她可以从里面翻找。我记得有次她展示了她为什么没能抓住要点。她得到一小串铃铛作为"我们要去大厅上吉姆（Jim）的音乐课"的标记品。罗斯玛丽愉快地摇了铃铛，但当我们走近大厅的时候，一听见吉姆那可怕的手风琴声，她就以各种危险的方式表达自己是多么讨厌这些民间舞蹈模拟课。老师显然明白了铃铛策略没起作用。她没把铃铛和这项活动联系起来，因此它们并没有起到辅助交流的作用。班级小组讨论了这个问题后，决定在民间舞蹈活动中选出一样罗斯玛丽能够从大厅带走的物品，这样她就能把这个物品与舞蹈活动联系起来。他们给了她一个玩具小手风琴，这非常可怕，它能随意地发出尖锐的声音。我们跳舞的时候，她奏响玩具手风琴，产生与旋律极不和谐的刺耳声音。千真万确，下次我们再准备跳舞的时候，她带着玩具出现了然后在教室里大发脾气而不是在接近大厅的时候。玩具手风琴起了作用。她能够记得并同时预见到那是她不喜欢的什么事。

过了一会儿，她冷静下来，鼓起勇气面对这可怕的课，并且相信上完课后马上就会有花生点心和饮料。在她的物品托盘里，点心饮料与手风琴相邻。我们把花生和饮料的象征物带到大厅，舞蹈活动结束的时候拿在手里就可以促使她回到班级里。现在她拿着那个手风琴的时候只会小声哭泣或叹息。有次我把手风琴放在肘下并设法挤压它，然后就听见她在角落里呜咽。这样让我有一种奇怪的满足感，但这也是一种对参照物力量的敬意。

在最初知道自己时间表的时候，最让我感到欣慰的就是在知道那些有规律的活动后，这让我在保育所的日子轻松起来。有时我觉得那些常规活动让人厌倦，但通常我满足于在熟悉的顺序下知道将要发生什么事情，而不是混乱无序。混乱和无序会使我感到不安。总之，我更喜欢这种确定的、有规律的习惯做法，这样我才能享受到意料之外的事情偶尔所带来的兴奋，而不会感到焦虑和压力。

很长一段时间我不能在周末和假期休息。

我们以前有个顾问因为我的紧绷状态，曾想让我注射肌肉松弛剂，但我姑姑说她认为我是用痉挛的紧绷与人交流。如果我的肌肉麻痹了，我怎么表达自己呢？不管怎样他们还是对我进行了注射，这无疑带来了一些其他的好处，这些好处可能比我失去的一些东西更重要。不过总会有其他的交流方法，我和姑姑一直在研究可替代的方式。

我和姑姑在一起的日子被认为是"妈妈的休息时间"，我们面对面地坐着。姑姑把这叫做"面对面坐着"，这一定是我们会做的事。我不擅长识别人脸。人们有时候会让我看他们的脸，吸引我注意他们的一些特征——尤其是像我叔叔那样有胡子的男人。他们似乎没有意识到只有他们真的在我面前的时候，他们的胡子才显得有些重要。一旦他们不在（大多数时候他们是不在的），他们长什么样子对我来说一点用处都没有。他们似乎挺在意那些东西，有时间的话某天我可能会研究一下他们在意的原因。

我能听见胡须的声音。男人似乎总是在刮它们、抚摸它们、吮吸它们并透过它们讲话。因此，当人们说话、烦躁不安或者痒的时候，我知道它们听上去是什么样的。我并不像他们想的那样对胡子感兴趣。

不知道出于什么原因，姑姑想让我成为能够"面对面交流"的人。多年来她一直在为此努力。事实上，我认为当她让我坐在她膝盖上，我们的脸朝同一个方向的时候我们相处得最好。她用鼻子蹭我的脖子，而且直接对着我的耳朵说话。我想这比感觉到别人的唾沫和呼吸更好——尤其是当不太熟悉的人告诉我某件东西是如何工作的时候。如果有人从后面抱我，我能够感觉到他们的手臂在做什么，这时我对他们的行动会有更好的印象。

面对面交流自古以来就是人类交流的基础，所以有视力的人很难想象没有这种交流的生活将是什么样。新生儿就已经能够对人脸迅速反应。丹尼尔·斯特恩（Daniel Stern）和克洛因·特里沃森（Colwyn Trevarthen）在这个领域方面发表了大量研究成果。中风及其他头部损伤患者有可能丧失阅读和辨认人脸的能力。大脑发育异常的儿童也可能会缺失这种能力或者遇到机能障碍。在这些情况下，如果缺失了记忆机能，那么教导他们这些技能也是徒劳的。

似乎大多数人都认为我想要他们在我对面；他们抓住我的手，并向我展示一些动作。我感觉处于这种位置的他们更加笨拙，因为他们以错误的反方向做事。他们喂我吃东西的时候尤为明显。他们熟悉的动作颠倒了，以错误的手用调羹把食物拿离自己。这通常还伴随着一些关于食物、天气或者电视的干扰言语，它们总是在我费力把食物吞进喉咙的时候干扰我。

让我惊讶的是，当我的吞咽反射刚好在呼吸循环的一个恰当时刻进行时，食物就滑下去而不会呛到我。上帝才知道以前有多少食物在我的肺里腐烂了。如果人们站在我后面手把手地教我舀、举和铲的动作、并保持安静，我就能专注于手上的事，然后成为一个更成功的吃饭的人。

有次在一节音乐课上，我们老师决定不在上课时说话。像以前一样，她"咔嗒、咔嗒"地把一辆手推车推进来，分发打击乐器，埋头弹钢琴。后来当她整理好手推车并把它推出去时，罗斯玛丽说："还要。"这是她说的第一个词，而这发生在老师不说话的课上，真是不可思议。

> 加拿大研究者（Biederman *et al.*，1994）的研究表明，如果停止跟孩子们谈论作业，他们能更快地学会。参与研究的儿童在理解语言上存在问题，他们必须停下正在做的事情去仔细倾听。这时，语言就成为一种障碍。

安东尼吞咽起来十分困难。最后，他直接在腹部安了一个装置，这样学校的护士就可以为他注射营养，大概他妈妈也能这样做。

我之所以说"大概他妈妈也能这么做"，是因为我从没去他家证实过。我和我最好的朋友在放学后从来没有在一起过，这多么可笑啊！我姐姐周围总会有一群朋友，现在他们也成了我的朋友，但我想这和有自己的朋友还是不一样的。我接下来的计划就是抓住安东尼，把他夹在我的腋下带回家，放在我床边的架子上作为我的另一个收集品！不能想象安东尼的看护会让我这么做。怎样才能让他上我的车呢？车上装了我的轮椅和站立架就已经没其他空间了。我愿意以一个晚上的站立架作业来换取安东尼陪我喝茶。这对我来说是一个公平的交易，我愿意这样做。

我认为自己不可能会被邀请去过夜，虽然这并不是不可想象的。有时我会留在姑姑家。我们早说好如果我爸爸妈妈都病了，我们三个可以都去。但叔叔认为最好还是先让我来试一试，因为我是最麻烦的。他们也有打算把弟弟和姐姐接过去，这样我爸妈就能够更关注我一点。我基本在任何时候都不是他们全部的工作，要是他们能全身心地关注我一会儿就好了。

特鲁迪说应该把我送去一个为我这样的小孩所提供的特殊中心休息一阵子，但是妈妈说她不想把孩子的衣食住行都交给陌生人。我很难用不同于妈妈的观点看待事物。这似乎听起来有些假。她从根本上影响了我。然而有些时候我看待事物也是和她不同的——并不是说我认为她是错的，只是看待事物的方式本来就不止一种。（因为我看不见，所以我的观点也很难让别人了解到——如果能说我有"观点"的话。）我确实有独立的观点。我的社会工作人员在家访的时候总会提到暂托服务中心，我倒是挺想去其中一家试试看。

罗斯玛丽每两个星期会去一次周末暂托服务中心，不同的车和看护会在周五直接把她从学校带走，并在下周一的早晨把她送来。这样她父母实际上得到了四天的休息时间。要提醒你的是，如果我和罗斯玛丽一起住的话，我也会想经常休息一下。当她进入她那老一套"什么都讨厌"的状态后，她会变得相当地不留情面。这时老师会把她送去软游戏区玩，还有一个护工专门照顾她。或许我也应该试试像她那样让人难以忍受，看看我是否能够得到去软游戏区玩的额外机会。当罗斯玛丽让人难以忍受的时候，我真的只想摆脱她去软游戏区。但因为这时候总是她去那里，我觉得她每次都排在我前面，而且所得到的比她应得到的份额更多。这就是生活。

戴夫·伍德（Dave Wood）在担任英国皇家盲人协会拉什顿学校副校长的时候引入了一个政策，即不应该因为儿童一些不能接受的行为而让步把他们带到娱乐设施上。抗拒集体活动的儿童可能学会利用老师不让他们参加集体活动的惩罚（"Time Out"）而使自己能够不参加集体活动。这样做的理由是这类令人愉快的活动需要遵循时间表，这样儿童才会知道他们是根据时间表来进行这项活动，不是随意要求就可以的；否则好环境可能会和扰乱行为联系起来，而不是愉快和学习。

小结

●清晰明确地定义事件的先后顺序，可以帮助有破坏性和易退缩的儿童理解别人希望他们做什么，并使他们能够更充分参与进来。

●世界上到处都是帮助我们知道自己所在位置的路标。有些人可能在系统地识别这些路标方面需要帮助。

●动作是关于正在发生什么事情的线索。一些事物虽然不在了，但它的味道却可以残留一段时间，这会让人迷惑。

●一旦个体明白某个物品是某项活动的一部分，这个物品能在个体的思维中代表这个活动（像是词汇一样），然后它会成为可以预见这个活动发生的象征物。第一次脱离活动情境介绍这个物品可以在使用过它之后，一天结束后回忆我们做过什么的时候，这样更有效。

●留意那些让我们知道这个人正在经历愉快还是不愉快的行为，把它们当成一种交流来做回应。

●试着从后面帮助盲童，然后看他们是否会有不同的反应。找出他们更喜欢的姿势或者他们更喜欢从哪边被接近。

●坚持结构化的日程安排，使儿童更熟悉它们，进而发现它们也会不可避免地发生变化而能够容忍变化。

●有些人需要一些事物的帮助，言语就是帮助这些人的这类事物。

第六章 空间感

　　自从我们第一次将"待在狭小空间里"这个想法付诸实践后，我开始喜欢摸索悬挂在我周围的物品。起初我并不觉得这些挑选出的玩具很吸引人，所以妈妈就认为这个想法行不通。之后，特鲁迪和格兰（Gran）参加了一个课程，他们带着传教士般的热诚回来后，在我周围挂了一些真正重要而又非常有趣的物品。我惊喜地发现我周围悬挂着小刀、叉子、调羹，还有我的食物和如厕工具。以前我从来没有把手放在尿布上过。因为人们会把它们包起来环绕在我的腹部，所以我对上面的标签和其他一些东西有所了解，现在我惊喜地发现了这些黏黏的标签和另外一些东西。然而戴尿布和真正有时间安静地研究它们又不一样。

　　我最擅长用手背轻轻地抚摸东西。由于我不能用视觉来定位物体，所以这个动作经常会把东西敲得离我更远，我也会因此而感到沮丧。我爸爸曾抱怨过我常常待着的平台和小房间。我们那时只有一个小房子（起初没有扩建），而且它似乎占据了大量的空间。姐姐为我的平台涂颜料，不管那是什么意思反正被姑姑称为后毕加索风格。从那以后，它就被挂在厨房的墙壁上。由于过路的人可以看见它并留下深刻的印象，所以这幅画成了我们街道一个著名的艺术作品。爸爸认为我应该被塞进楼梯下面的柜子里。特鲁迪觉得这是一个聪明的主意，但我妈妈要用柜子放吸尘器之类的东西。特鲁迪和爸爸申请补助金建了一个花园小棚。楼梯下柜子里所有乱七八糟的东西都转移到棚子里，而我得到了一个可以大喊大叫、爬上爬下的极好的场所。那里的声音效果非常出色。

有时为了寻求变化，我会到空浴缸里面去，那有一个烘干机，上面挂了些不同的东西。比起楼梯下的柜子，有时候我更喜欢这里。如果我想玩那些没绑牢的东西，这些东西不会从我身边滚太远，我总是能感觉到它们滚到哪里去了。有一次，我坐在浴缸里试着把拴东西的绳子都弄断，我一挣脱，结果所有的东西都叮叮当当地掉到了浴缸底部。这让我惊讶也觉得非常有趣，爸爸却叫我破坏大王，又重新把所有的东西用很有弹性的橡皮线拴住了。当特鲁迪看见我感觉烘干机上的金属条时，她说我对橡皮线和爸爸如何安装它更感兴趣，而不是挂在上面的东西。她说这表明我非常聪明。遗憾的是，教育心理学家们在评估我的进步或不足的时候，没有一位测试过我这项特殊技能。

他们没有看到我最好的状态。我个人认为，在浴缸里才可以让我的才能得到充分发挥。记得我有次想要在浴缸里重试一次，但是不行——在没有水的浴缸里玩是我最喜欢做的事情之一。在浴缸里时我第一次发现那些被我敲走的东西仍然会在我旁边；漂浮在水面上的东西会因为水的浮力靠近我，而沉下去的东西又都会碰到我，然后我会探索整个浴缸来寻找我丢出去的东西。

> 患有多重残障的盲童在皮亚杰所谓物体守恒方面的发展更迟缓。尤其是那些不会发出声音的物品，他们不会知道那些物品还在。

有个家伙想知道我是否知道一些童谣。因为我不能背诵或者吟唱，他便认为我一个都不知道——事实上并非如此。有段时间我真的很沉迷于特德·休斯的诗歌，而且觉得我小弟弟听的磁带内容太不成熟了。

小结

●残疾儿童可以被放入一个狭小的空间中进行游戏，并在四周挂满吸引他的物品。

第七章 归属感

有一天，在妈妈正用补助金把后屋改造成浴室、为我换房间时，特鲁迪来了。他们在一起讨论布局和装饰。他们决定把我那面有窗户的墙刷成白色，对面的墙刷成深蓝色。特鲁迪认为这样我就能区分面对的是哪面墙，因为它们明暗相对。他们这不是弄颠倒了吗？如果让我参与，我想我会把有窗户的墙涂成暗色，因为那是较暗的一边，并把阳光照射到的那面墙涂成白色。我会把暗色稍微调亮一点，亮色稍微调暗一点，这样房间就会显得不冷也不热。到时再看吧，或许特鲁迪的做法是正确的。她常常是正确的。

听着他们的讨论，我放松下来。反正不是什么大不了的事，因为我已经知道我现在面对的是什么方向，我不会介意他们把墙涂成什么颜色。有窗户那面墙传来的回声跟其他墙的回声不同，拉上窗帘后也有很大变化。这样就有了两个线索：墙和窗户的回声不同；窗帘不会发出回声，但是窗户在白天和晚上时带来的效果不同。我知道我的那些有视力的朋友和家人认为光明和黑暗的差别非常重要，但因为一些原因，这对我来说没太大帮助。我更感兴趣的是，窗户在晚上有多冷而在晴天又是多温暖。我能够感觉到整个房间的冷热——就像我能在有距离的地方感觉到人身体的热量一样。能够穿过空间拥抱你喜爱的人是非常美好的。陌生人也很温暖，只是这种温暖不像拥抱。

我说的温度计能够记录较大的温差，但对于我能够注意到的一些温度变化没什么用处——尤其是空气流动经过我的脸颊时感觉到的温度变化。我不认为温度计能够对这样短暂的变化作出快速的反应。但是温度计不必知道人们在哪里，他们正在向哪里移动。温度计只是告诉人们温度是多少，而不是热量从哪里来。我觉得温度从哪里来比温度实际有多高更重要。如果我感觉不到正向我接近的人身体的热量，那么他蹑手蹑脚悄悄靠近我肯定会让我吓得灵魂出窍。

当得知我的卧室里会安装暖气管道时，我有点紧张。这需要花些时间来适应。我怀疑这恐怕跟大多数改进一样——也会带来负面影响。希望不会安装呼呼响的风扇，把我需要听见的声音盖过去。那样的话，我就必须靠其他方法来判断人们在哪里了。这里还将会有各种各样根本没有任何意义的空气暖流。我并不介意户外的气流，但在户内我要倚赖这些小气流来解释正在发生的事情。当然，户外的气流也不是一点用处没有。它们可以传递气味。那些气味通常太普遍了，所以用处不大。但是我能通过它们判断天气，尤其是最近的降雨，还能够判断随着季节的变化什么花在开放。我最喜欢油菜花，空气中带有一种可以咀嚼的味道。我爸爸的花粉症使他的声音听起来粗哑而不友好。当我为他的不幸发笑时，他一点不认为这很有趣。

上个星期，我试图让妈妈在特易购超市里给我买菜子油。当她读到标签上的名称时，我抓住一个展示架，朝她咬紧牙齿。她最近都有注意我脸部歪扭的动作，并开始回应我，仿佛我要告诉她什么事情一样。这是特鲁迪最近的活动，她每周都给妈妈布置家庭作业，找出他们猜对了几个面部表情的意思。特鲁迪说我咬紧牙关也许并没什么特别意义，但是人们应该做出回应，好像我要告诉他们什么事情一样。这么一来我才能使用面部歪扭的一些表情来告诉人们某些事或者要求一些东西。特鲁迪不知道的是，我已经断断续续地这样做好多年了，但因为似乎没有人注意到就放弃了。

我发现如果我一边咬牙一边挥舞着手臂大叫，那么人们通常会认为我想要说什么。我想，得到菜子油是我第一个严格意义上的胜利。晚上我就吃了一个用菜子油煎的鸡蛋，尝起来确实不一样。爸爸也有一个，可惜的是他没把蛋壳除干净。当我大笑的时候，他还以为我正在开心地享用这个鸡蛋。我笑的时候，有一小块鸡蛋掉进了他的盘子，他把鸡蛋挑出来还给了我。其实他吃掉的话我也不会介意——这小块鸡蛋和盘子里的其他煎鸡蛋味道都一样。

有次在一个评测会上，我坐在爸爸的膝盖上，而他心不在焉地上下抖动着膝盖。他告诉一个叫大卫·布朗（David Brown）的人他希望能和儿子（也就是我）交流，声音听起来非常难过。爸爸停止了抖动，因此我就自己用力上下跳动。这时他说："对不起，我不是故意停下来的。"然后继续让我在他的膝盖上玩耍。布朗先生说这就是一次非常有效的交流。我告诉了爸爸我想要什么样的刺激，而他也提供了那样的刺激。这改变了我们家对于交流的定义，他们不再说我不能进行交流——只是我不能说话而已。

在正常的交流中，可能有80%的意义是通过非语言的方式传递的。试着大声说"这个男孩骑着自行车去商店"，并重读"男孩"这个词时，那么你是在告诉听众那不是个女孩。如果把重音放在"骑着"上，听众便会知道他不是在推车。如果把重音放在"去"上，你知道他不是"来"；如果把重音放在"商店"上，我们就知道那不是电影院之类的。通过身体动作、面部表情、手势、音量和语速等各种传递信息的交流方式，言语的动态性质得到加强或淡化。婴儿在能够用语言表达之前，早已经能够观察并追踪这些有意义的交流方式了（参见歌普尼克拉 Gopnikera，2000）。

几周前，妈妈在一个讨论会上发了言。她的声音被放大了，并且声音同时从几个不同方位传过来，这样听上去很奇怪。我辨不出她在哪里。她和特鲁迪商量好了要说些什么，而且妈妈为了掌握好时间还在家里排练过两次，所以我每字每句都知道。从妈妈的声音可以听出来，她对这样的大场面有点害怕。我以前从没听过她这样说话。她肯定也注意到了这一点，因为她说以后再也不做这种事了。不好意思的是，我们在这个以前从没来过的地方做了一次完全免费的旅行，而且我十分喜爱这次经历。

妈妈说，所有要照顾我这样的孩子的人，除了要有她已经扩建好了的房子以外，还应该有个秘书和司机。人们听到这个笑了，但我觉得她是认真的。她会告诉来参观扩建房子的客人（比如特鲁迪），他们应该轻轻地踩——"轻轻地踩"是她谈话的主题。她告诉客人扩建后的门比普通门更大，残疾人进出方便，就算一群客人进出也没关系。她希望装一个热水壶，因为那些专家似乎都喜欢喝茶或者咖啡；这样一来，他们就可以自己动手。她又补充说茶和咖啡应该由秘书和司机端上来。

她向我们描述了特鲁迪的放手方法。特鲁迪很少抱我或者触摸我，从来没喂我吃过饭或者带我做不可思议的专家例行训练。她只是告诉妈妈做事的方式，这样，妈妈和其他家人才能够很熟练地应对我的特殊需要。特鲁迪曾告诉妈妈说，她要做的并不是展示她自己多么擅长应对我的残疾——她只会偶尔出现，家里需要有人掌握这些技能。特鲁迪不是每天都会来，但是不久后就融入了我们。我叔叔很快掌握了那些技能，他让我成为他事业的一部分以便失业的时候也有事做。特鲁迪说她那时候小心翼翼地步入我们的关系网。爸爸说他的情况一样；多年来，他一直在我和妈妈之间徘徊。直到某个下暴雨的周末叔叔给爸妈送行，他们才有时间独处而不是总和我在一起。回来后爸爸就有了项特定任务，当妈妈抱着我靠近电视时，他会帮妈妈按摩头皮，有时候也会帮我按摩。这显然不同了，他轻轻地走进了"妈妈和我"的地带。

丹尼尔·N. 斯特恩（Daniel N. Stern）在他的书《母性群体》（*The Motherhood Constellation*，1995）中推荐了这种柔和的方法。

妈妈告诉听众，由于我看了那么多的专家，她正考虑申请一年看医生次数最多的吉尼斯世界纪录。她请他们不要责备她有时候会拒绝一些预约，她总结了一个策略：如果一次拜访后，专家问她的比告诉她的更多，还称她是我的专家，那么她以后就不需要再去了。不是因为她反对研究，而是时间和距离让这些会面要耗上一整天，有时甚至要留下来过夜——而且又没人付钱让她当研究助手。然而，如果拜访让我的健康得到改善，那么她会为了得到更多我们需要的信息而去。

她抱怨安静的家突然成了公共场所，大量的新工作人员长驱直入，这使她压力倍增、并且觉得苦恼和沮丧（她让话语听起来很有韵律）。她没心情采纳他们的新术语，也不想体谅他们的个人癖好。她为自己不知恩图报感到抱歉。毕竟她也不想我残疾，所以她为什么要欢迎那些关注残疾的人呢？我想听众们都以为她会用痛苦的语气来说这番话，但她还是采用了和特鲁迪开玩笑时的插科打诨。特鲁迪针对我的 17 种状态提出了 17 种治疗方法，为此，妈妈十分感激。那 17 种状态就是我的晴雨表，可以告诉他们进展的情况。

在她们真正建立起互相信任关系的那天，两个人都哭了。特鲁迪是一个有超凡魅力、知道该怎么做的专家，但是我想那时她也无计可施。哭完之后，她们似乎锻造了一种新的伙伴关系，并且可以发泄自己的愤怒而不会闹翻。妈妈对和特鲁迪讨论过的想法怀有更多热忱，我敢说她实际上采纳了所有的建议，进行了一些修改并系统地将结果反馈。她现在有好几个厚厚的记事本，上面记录了她们完成了的关于我的所有意见。这让一些专家惊讶得要命，因为妈妈和他们进行了细致的咨询，而且得到非常多的医学术语。

我的感觉是，随着妈妈和特鲁迪的关系深入，我和妈妈之间的关系也逐渐升温。她变得更倾向于把我当做一个人来对待，而不再把我当成一系列繁琐又需要完成的家务琐事。随着我们依恋的加深，我能感觉到我的孤独感消失了。她对待我的方式也在逐渐地发展、变化，这跟她对待婴儿的方式截然不同。她说那都是自然而然的，就像她妈妈对待她一样。妈妈和外婆之间可没有太多专家介入，她们可以轻松地编排她们的二重奏，就算离得很远，她们也可以呼唤彼此，进行精彩的对话。这种心理匹配完全不需要像特鲁迪之类的人来促进关系。

鲍尔比（Bowlby）在他的书中对这种依恋的过程做了细致的研究，安妮·阿尔瓦雷斯（Anne Alvarez）在她的《生活同伴》（*Live Company*，1992）中说，并不存在个体心理学这种东西，存在的只有伙伴心理学。克罗因·特里沃森出版了大量的关于母婴互动的微观分析的文章（Colwyn Trevarthen，1979）。

有一段时间我们只为了完成家庭日程中家务和常规琐事而忙碌，失去了解彼此的机会，我记得这些区别并觉得遗憾。我想这就是为什么叔叔对我那么好的原因吧。他做完了所有事后，会花时间和我待在一起。他的选择使我们的生活以一种有计划的方式丰富多彩起来，制订计划然后执行，所以令人兴奋。他却不这样认为，因为他就是这样一个冲动型的疯子，但是他会安排好事情，这样他就有时间和地点来有效地发疯。

我妈妈不赞成他的一些粗鲁的表达方式。当我们在一些疯狂的活动中落后时，他会大骂这个课程，挑战我的老师们，要老师找一个空格画上钩。我们也曾兴高采烈地用了一个小时填写老师设计的同样的检核表。如果仔细研究这张检核表的话，你也许会沮丧地发现我什么都不会做。那天我们还读了道格拉斯·亚当斯（Douglas

Adams）和约翰·劳埃德（John Lloyd）写的滑稽字典《利夫的意义》（*The Meaning of Liff*），发现我们连放屁都很一致。放屁一致这项本领目前还没有相关类别，所以必须加上它。就在这次或其他类似的会面，我记得我发现了脚。我以往更倾向于注意到不同之处而不是相似之处。我在头脑中增加了一个类别，把相同的东西列在这一类。那段时间里，我对他人的身体有了更多了解。我按摩自己的脚，然后叔叔脱掉他的袜子，把脚放在我腿上，让我给他按摩。

角色颠倒会导致我思维转变，如果你愿意的话，可以称其为认知失调。当世界与你预想的不相符时，你只好重新组织自己的思维。这有点像有人带我上楼，他认为还有一个台阶，但其实没有，然后我们差点摔在一起的那种不和谐的感觉。我爸总是大声地数台阶以防止发生这样的事。他自己一个人上楼梯的时候不会这么做，我估计是因为他抱着我上楼的时候看不见台阶才不得不这样做。是的，一定是这样的。最近，因为我越长越大，他就背着我上楼而且不再数台阶了。

我喜欢被人背着。这样，我对于和谁在一起、他们在做什么、我们要去哪里就有了清晰的印象。声音，尤其是男人（通常是那些让我骑在他们肩膀上的人）的声音让我感觉非常好。我有一个表哥，他是个烟鬼。他背着我时身上散发出来的味道以及他咳嗽的声音都令人敬畏。有次他甚至试着一边背我一边抽烟——我妈妈吓唬他让他以后永远都不敢再这样做。虽然通常我觉得烟味让人烦躁不安，但是我还是很喜欢这样。特鲁迪认为薄荷能掩盖她的烟味，但是薄荷本身的味道和薄荷混杂烟草的味道是完全不一样的。气味是没办法被掩盖的。

我这位表哥给我读了《在钟表的注视下》（*Under the Eye of the Clock*）中的一段，说的是克里斯蒂·诺兰（Christy Nolan）被一群烟民带到他学校的车棚后，他们让他的双唇夹住一根香烟，他的鼻子被捏住，这样他就不得不吸进去。这虽然不是基础课程里的东西，但却肯定是一种关键的学习经验。如果没有足够多的这些时刻来满足我对事件的渴望，那么生活有时候也是无尽的枯燥。

小结

●环境中有些线索可以帮助我们确定自身的方位。并不总是需要对盲人强调这些，因为他们已经会使用有视力的人可能没有意识到的一些特征。

●第一位看护和儿童之间存在一种特殊的联系。当看护者是母亲的时候，这种联系最为强烈；但是残疾会阻碍这个过程。

第八章 因果感知

最开始的时候，妈妈和特鲁迪会读些文章，找到和我有关的一些想法和策略，然后尝试一下。有一次，特鲁迪被打发到花园去找一个筛子——用来筛沙子的一种工具。她带着这个巨大的生锈了的东西回来，书上说它们应该在我的胸部保持平衡。筛子里面放入了各种各样的球，随着我的呼吸，球会来回滚动。这样做是为了看我能否意识到肺部的扩张和收缩引起了肋骨的活动，而肋骨的活动和球的运动有关。

她们开始换球，试着每次只放一个球，看看是否有哪个球可以使我兴奋。我发现它们都千篇一律，相当无趣。只有一个棉布娃娃的头做成的球滚起来非常地轻，而且发出的声音也最小。它就像自动挠痒器一样让我咯咯发笑。我笑得唾沫四溅并且透不过气来，这时筛子咔嗒一声掉在我躺着的共鸣平台上。还好在我真正窒息之前，姐姐瞬间就发现了我的异常。所以在我恢复了正常呼吸之后，他们又让我试了一次。特鲁迪非常激动，说她已经证明了我能够在因果之间建立联系，因此他们把它填入了一张关于机能相关性的表格里。显然，我已经明白那个轻如羽毛的球的滚动依赖于我胸腔的运动，我变换了呼吸速度来改变它的滚动。这也引起了一场关于究竟是与机能相关、因果关系还是应该称之为意向性的争论。

下次我们去位于伊林（Ealing）的感知家庭中心的时候，他们证实了这三种都是。他们说他们并不关心我们称它为什么，只要我们认识到我做了什么并且能够在周围环境中做出改变，注意我这方面的成绩就行了。妈妈和特鲁迪都为证实了这事而感到高兴，但是我却有一种不祥的预感。如果这个消息传开，所有的人都将提高他们的期望，并会要求我整天而且每天都做这种事情。

姐姐告诉我她的一次类似的经历。那时候她在阅读一本她老师喜欢使用的一项阅读计划中的代号为 3b 的书，后来她注意到这一系列有 28 级，每级下面又分为 a、b、c、d 四类。那时候我们还算不出一共有 112 本，但当我们看到它们排起来有一码长、每页上面的字都密密麻麻的时候，我们都惊呆了。我没有姐姐那样满当当的书架来让我冥思苦想，那时我所知道的就是老师可能会源源不断地开发一些机能方面的范例，来找到他们需要的提示信息。我们软游戏房间里的开关就是个很好的例子。我们有一个电脑操控项目，它能改变光和声音对操作开关的反应方式。我刚知道必须把胳膊抬起来才能使灯变亮这回事，电脑就决定我必须挥动胳膊两次或者举得更远或者更高，来得到同样的结果。它也提供有关我努力程度的明确证据，这样，每个人都会知道我下次是否在偷懒。当我想偷懒，但没能力超过自己上次达到的水平时，我又让自己处于闷闷不乐的自闭状态。特鲁迪问我的老师说看看是否有其他因素在起作用：我最近一次服用癫痫药到现在有多长时间？我最近一次吃饭或者喝水是在什么时候？电脑并没有任何关于我是否故意作对的证据，显然有时候我只是不想玩这个游戏。电脑也是很笨的。

我还模糊地记得，特鲁迪在最初的一次访问中认为当时我很沮丧，于是做了次实验。她用任何东西都不能吸引我，然后她就把一张纸巾放在我嘴巴前，我吸气的时候它会碰到我的嘴唇，呼气的时候就会被吹走。她试过了纸巾、锡纸和爆彩器里的飘带。我记得我非常喜欢爆彩器里彩带上面的炸药味，于是抽动鼻子和嘴唇作为回应。她们讨论如何让我对七种不同气味的东西感兴趣，这样一来，我就能够把每种东西和一周中的每一天联系起来。我去游泳的日子会拿到沾过漂白剂的棉花，去骑车的日子会拿到一束稻草。其他的我就不记得了，因为妈妈在我把这七种都学会之前就对这个方法失去了兴趣。事情太多了——我们会有睡过头的时候、医院预约的日子诸如此类，打破了这些日常行程，所以我现在只能回忆起一些片段。而现在我已经非常确定今天是一周中的哪天，因此当我一了解日子循环的特性以及每天相应的活动时，妈妈就放弃了训练。

在延长的假期里很容易失去日期的判断，因为每天过得都差不多。奶奶比妈妈更循规蹈矩。她会在固定的日子用吸尘器打扫固定的家具的后面，在每周同一天的同一个时间换床单和枕套、洗衣服、熨衣服、除尘。相比之下，妈妈要混乱得多。妈妈似乎每天都要洗衣服，要用的东西用完了她才会急急忙忙上街去购物，而不是像奶奶一样计划好列出一个清单。她总是依据营业时间来决定购物时间，所以她从来不会在晚上去特易购超市——虽然我和爸爸经常这样做，避开拥挤的高峰时期。要去买药的话我们就必须在八点前赶到那里，这意味着咖啡店也不开门。我们通常总是从小篷车那里买串烤肉作为补偿，并向爸爸保证不会告诉妈妈，我怀念这个老规矩。我一直都遵守我的诺言，但妈妈把我抱上床的时候总是会说："哇，你们又去了吃烤肉的地方，我从这儿就能闻到味道。"我不能说话妈妈竟然也能知道这么多，这让我很惊讶，不过这也好，因为我觉得说话是我永远都完成不了的事。通常这也不会让我觉得泄气，尽管有些时候我想为班级或者家庭中的交流对话贡献点自己的智慧。

我想这也是我喜欢叔叔的原因之一——他言之无物但总能趣味盎然地闲聊，好像我能理解他的幽默感一样。他总是声称他心里想的就是我现在正在想的，如果我能表达的话也一定知道我喜欢什么。他答对的时候有点正中靶心的感觉，其余那么多脱靶的事情也都值得了。

> 正中靶心是埃里克·伯尔尼（Eric Berne，1973）的一
> 种表达，指深入到人内心的，超越自我状态的一种亲密
> 状态。

这就像进行自动选择一样，在你希望的时候得到你想要的东西和你需要的东西。我记得一个相当微不足道的例子。有次，在一个婚礼上，表哥试着喂我喝香槟酒，这时我们的叔叔带来了我的吸管杯，这样我在喝的时候就不会洒出来。幸好叔叔拿的是他几个星期前喷成金色的那个杯子，因为他觉得原来的那个杯子太幼稚了不适合我这么大的男孩用。为了配合婚礼气氛，他还系了一些有弹性的银色缎带在上面。这是我们俩一起想出来的办法，我的手指可以插进缎带，而且在他动我手肘的时候我还能抓牢杯子。他一直把我的手臂举起来，不停地叫："干杯，我亲爱的！"我想我一个人是绝对不可能做到的，但是这很符合这种喜庆的气氛。

小结

● 一些很小的事情对于发现一个人理解了什么以及经历了什么是非常重要的。

● 小的改变能让物品和活动具有年龄适宜性和需要适宜性。

第九章 控制感

很多次，我都感觉自己是没有身体的，就像没有感觉的一团记忆混沌体一样飘荡着。我可以忍受几分钟。这也是我能够故意逃去的地方。当我想恢复和世界的联系时，只要摇晃几下，立即有大量的感觉告诉我自己正坐在或躺在什么上面，以及我从哪个方向起来。几年前，我从一个用来消除这种摇晃习惯的行为矫正项目中死里逃生。好在当时特鲁迪让我不用继续参加那个项目。她说服了学校表示大家不会介意我脑袋后面的秃斑，还说我需要摇晃，因为这样能让我觉得舒服，同时这也是一种搜寻信息的方式和一种反抗的形式。现在我认识的大多数人都想知道我为什么摇晃。

埃斯特维斯（A. H. Estevis）和克尼格（A. J. Koening, 1994）在杂志《回复：观点 26》（*Re：view* 26）中报道了这样一种干预。下一期有一封来自罗伯特·欧（Robert Orr）和苏西·波特（Suzie Potter）的信，主张让喜欢摇晃的人继续摇晃。伊莱恩·麦克休（Elaine McHugh）和珍·派弗尔（Jean Pyfer）的文章也揭示了这一问题的复杂性。

安东尼在一些微妙的场合会发出令人毛骨悚然的尖叫。我们的机动工作人员被要求去制止他这样做，但这位工作人员坚持认为他的存在是为了让孩子做得更多，而不是更少。因此，他深思熟虑后提出了一个看法，他认为安东尼那样做是在用他的声音探究广阔的空间——例如教堂。在教堂尖叫会让人觉得非常愉快。他教安东尼拍手，拍手也能产生美妙的回声而且比较能被人们接受。如果我想知道一个陌生的地方有多大，我会用舌头发出嗒嗒的声音或者听轮椅吱吱作响时的回声。当你进入一个大厅时，回声是一种有用的信息源。通过声音的回响，你可以知道里面有没有人。

如果我非常安静地坐着，很快思维就飘到别处去了。我认识的大部分人都能像只老鼠一样安静地坐着，但他们仍然在某种程度上注意着正在发生的每件事。我想这可能跟他们能看得见有关，这就意味着虽然看上去他们的确什么都没做，但还是能知道发生了什么事。我最近还发现他们甚至能看见静止的、没有发出一丁点儿声音的东西。能做到这样真是太了不起了。对我来说，只有当物体发出声音、味道独特或者释放热量的时候，它们才真正地存在。

有时候人们会给我一些似乎没有什么感觉的东西。我能辨别得到的是不是一个不确定的东西，因为它们会停止活动或者其他的什么。我碰到了它们，才能发现它们在那里。我姐姐认为我最喜欢的玩具是一个巨大的球，每当她觉得无聊了就会把那个球给我，认为它也会让我觉得不再无聊。她会到处追逐这个球，而且对这种事感到非常兴奋。轮到我去拿球的时候，我会先让它滚走，同时发出尖叫。由于姐姐的缘故，我不得不这么做。事实上，我觉得那个球根本就不在这里。它几乎没有重量，而且几乎不会发出任何声音。我只知道它是一个球，因为姐姐是这么说的。很长一段时间里，我都不能理解为什么我的两只手不能在中间碰到，后来我终于明白原来是姐姐把那个没有重量的球放在了我的腿上。

在某些方面，这个球让我想起了学校的理疗球。我记得自己发现它跟其他球一样是个球体，但是它实在太大了，无论我长多大都永远不可能用手臂完全环住它。其实我更喜欢真实的、古老的皮制足球，它的质地记录了成功与失败，尽管我最喜欢的球是妈妈的一只壁球。那只壁球裂了口，所以妈妈不想要了。而我喜欢它是因为它让我想起我们在壁球场玩耍的那些日子。

在本地休闲中心没什么生意的时候，我们以非常便宜的价格租到了一个球场，我们还发明了各种各样的游戏。我十分讨厌的一个游戏是妈妈抓住我的脚踝，快速穿过场地直到我撞到一个金属板——原本在这游戏里运动员必须在这个金属板上发球。我试着变得歇斯底里，但这也没让她停下来。另一端有一个门，当我滑过去撞到它时会发出"砰"的撞击声。房间里的所有地方都是坚实的墙壁，能提供最好的回声。有时候姐姐也会来，她围着我乱跑然后大声地对我发出我根本不能执行的指令，还会问我完全不能回答的问题。但是我能准确地听出她在哪里，所以我能把球滚向她——如果我不愿配合，就会让球远离她。

一天早晨，我紧紧地抱住我的玩具鳄鱼不放，这样妈妈就得带上它和我们一起去。只要一拉它的绳子，它的腿就会蹒跚着向前走一点，然后停下来。我们想了个办法让我可以给它上发条，妈妈拉住那根绳子，而我两手抓紧鳄鱼然后从她那里朝相反的方向猛拽。之所以用两只手抓住，是因为这样可以让手腕更用力，而不是手（我的手不是很灵活）。有一次，我意外地踢到鳄鱼并让它飞进了金属板，周围的一些玩壁球的人都为我鼓掌。

我们也玩弹珠游戏。有一次，我和一个外国参观者玩这个游戏，她看见我滚弹珠，还把一枚弹珠放进了嘴里。我妈妈气喘吁吁地向我跑过来，想从我嘴里把弹珠捞出来。这时那个外国人大叫："别妨碍我！我还从没让哪个孩子有过什么闪失。"然后严肃地教训了我一顿，告诉我舌头和下腭在痉挛时出现的问题以及如何从牙齿后面把东西取出来。她说的这些都很好，但是弹珠卡在我嘴巴里了，而且我很难对口腔运动功能（她一直这么叫它）的细节专心。当我把嘴巴张大的时候，弹珠掉出来了，一直屏住呼吸的妈妈终于松了一口气。几分钟后，我又拿到另一枚弹珠——可能就是刚才从我嘴里拿出来的那枚，我又把它放进嘴里，然后高兴地给妈妈看。

我夸张地把弹珠吐向她所在的方向。那位外国人说我已经掌握了口腔肌肉的这种活动功能，如果我妈妈来救我的话，我应该就学不会了。

参加"主动学习的价值"（Worghing on Active Learning）这一讲座和研讨会的人们可能对这件事很熟悉，莉莉·尼尔森（Lilli Nielsen）在该讲座上展示了她的新技术。她建立了一个挑战盲童消极程度的游戏场地，允许他们在里面自己探索，直到他们成为引发事件的人。她的《空间和自我》（*Space and Self*，1992）对这种方法进行了很多解释。这本书可以从英国皇家盲人协会获得。

妈妈给我买了一些小室内高尔夫球，它们像有洞的乒乓球一样。这样，我就能够练习"口腔运动功能"而不会有窒息的危险。大弹珠有些优点胜于室内高尔夫球。不像姐姐喜欢的大球那样，弹珠在小空间里有很大质量。如果你把一个弹珠放在手上，你一定能感觉到有东西在手里。它又硬又重，摸上去冰凉，通常把它放在嘴里还可以知道它最近靠近过什么东西。放在我的口袋里，它们会变得暖暖的。冬天把它们装进弹珠袋，挂在卧室的暖气片上，它们就会变得非常热。而无论天气怎样，小室内高尔夫球似乎总是一样，这有点单调——但它很安全。不过它们也有一项有吸引力的性能，就是我可以把手指塞进这些洞里面，所以我还能容忍它们。我甚至有次还把舌尖塞进洞里去了，我姐姐觉得这十分好笑。

有一回，我拿着一枚特别大的弹珠玩了大约一分钟。据说是从一个艺术中心买的，价值一英镑。在这样小的空间里，它是我感受过的密度最大的东西；但是它滚走了，然后被它的主人收了起来。我还没有想到怎样才能再玩一次那枚大弹珠。

我觉得出生在这个塑料的时代也许是一种不幸。因为大多数的塑料，尤其是那种用来制作玩具的塑料，和室内高尔夫球（真正的高尔夫球是非常棒的）一样无趣。我想这一定是由于塑料能被做成十分好看的东西吧。的确，特鲁迪有次告诉妈妈塑料玩具上的那些颜色太过鲜艳，以至于让孩子们难以注意它们的其他特征。

> 西蒙·韦伯（Simone Webb, 1994）指出幼儿似乎不能用叠叠杯做排序游戏，这是因为它们的颜色太刺眼以至于儿童很难注意到尺寸上的细微差别。如果一套叠叠杯做成同一种颜色，那么儿童会更容易发现它们相对的大小差异。

那时候我们玩过一套套罐，最小的一个罐子里只能放入一个弹珠。我们通过放入弹珠的数目来比较罐子的大小。有为数不多的几次让我认为盲人也是有优势的——看不见与游戏无关的颜色，这次就是其中一回。

叔叔提姆说我很幸运，能够免受广告的诱惑——所以这可能是另一个优势。他讲乔治·奥威尔（George Orwell）说过，广告就是在棍子在泔水桶里搅动产生的咔嗒声。那种声音对我来说像是不错的声音，但我想他在某种程度上也是对的。我有一些同学在听到他们喜欢的广告播放出来的时候会十分兴奋，但我认为这种东西很容易被感染，不必用心去听。

我的一个好朋友迷上了一盘磁带，为了听这盘磁带他会大吵大闹、回避不想参加的所有任务。这相当于让他感觉舒服又安全的安慰毯。他的确用自己的叫嚷来逃避所有东西。他尤其擅长逃避我试图参加的事。目前为止我只成功地咬过他一次，但是我注意到最近看护们开始放松警惕了，所以我可能在不久之后会有机会再咬他一次。

我以前有个会咬人的名声。这是我用来表达"不，谢谢"或者"走开"的最初策略之一。现在我有一个更成熟老练的动作——摇头。人们并不是总能接收到这个信号，我想这取决于他们是否有留意我的方向，所以现在我在摇头之前会先注意他们的声音或呼吸是否正对着我。在我没搞明白人们为何完全没有靠近我却能察觉到我的动作之前，我总是等他们非常靠近我时才表达我的拒绝，也就是用牙齿咬。我都是在人们非常糊涂的特殊情况下才用这种便捷的方法。

有些时候，有视力的人似乎完全没有察觉到一些东西。我发现这与透明和不透明有关。例如，他们看不见我身体里面的东西，也不能透视我的衣服。爷爷那个摸着我的肚子、然后假装能够感觉到我刚才吃了什么的游戏，现在已经被我识破了，虽然很多年以来我都以为人们是可以看见这些东西的。

我现在有四种非常好的表达方式，大多数人已经发现或已经对它们做出了解释。第一种是发出"myongg"的嗡嗡声，这表示"和我待在一起"；转头并停止嗡嗡声表示"走开"或"不想再要这个"；我用十分动听的低而嘶哑的声音表示"再做一次"。这种声音的力量经常让我大吃一惊，我整个身体的肌肉都会痉挛，这反过来又使那些精神不集中、忘记要找出我正在要求什么的人感到吃惊。这个时候，他们认为我只是在痉挛而不是交流。

海伦·布拉德利（Halen Bradley）指出，如果儿童想获得他们生活的一部分支配权，他们必须能够发出四种不同的语句：

和我待在一起	让我一个人待着
再来一次	不要了

这出现在她的《一起评价交流》（*Assessing Communication Together*，1989）的活页封面上，在患多重残障的残疾人根本不能做出太多交流的时候，这个有用的四问题组合就应该被记得使用。如果残疾人的一些动作和声音的目的在于希望有意识的交流，那么看护和亲友可以回应任何一种该残疾人做过的动作或声音。像硬币掉落，残疾人能用这些动作和声音进行有意识的交流。在能够这样做之

前，残疾人必须确定有人在接收她的信号。

丽塔·卡特在《绘制思维地图》（*Mapping the Mind*，1998：12）一书中，叙述了在一个人遵从指示运动或决定做出一个动作时对两种不同的大脑活动的观察。在第一个例子"举起你的中指"中，是大脑的语言区对口头命令进行处理，动作则直接来自运动区；但当这个人被告知由他自己决定举哪个手指的时候，大脑的一块区域便活跃起来选择和决定动作。在儿童发起的情况下，他所计划做的某件事可能是对游戏的一种定义。另一方面，合作是消极的；自发游戏是对自我颇具意识的活动和证据［见下面温尼科特（Winnicott）的参考资料］。在关于聋盲儿童的文献中经常用到"意向性"这个词，指老师希望学生达到的目标：就像自闭患者，他们很难判断别人的意图，而且需要在与同伴的意向相冲突的情况下设法满足他们自己的想法——每个两岁的孩子都会发怒拒绝任务。

在"相互作用分析"的文献中可以找到该过程的另一个信息来源，例如伊恩·斯图尔特（Ian Stewart）和万·杰尼斯（Vann Joines）的《今日技术援助：相互作用分析的新绪论》（*TA Today: A New Introduction to Transactional Analysis*，1987）。在这项实践中，儿童必须适应他人，主要是来自父母的需求，这样他的愿望才能社会化。儿童经常想去做些会受到阻挠的事，与他人的抗争或商讨（"主体间性"：每个人必须有自我意识）继而出现。

温尼科特（D. W. Winnicott，1990：156）警告父母"你们必须在这场长期斗争中挺过来"，你们中可能有人会沾沾自喜地认为自己已经闯过了这关，但请记得你们还没平安度过青春期的"正常骚乱"。

小结

●刻板的动作也许一度是为了交流某些事，只要我们能够真正明白它就仍然能进行交流；于是行为发生变化。令人迷惑的行为看上去没有什么意义。试着诠释它而不是开始消除它。这种行为很有可能也是出于某种目的。

●玩具必须在实质上能够引发兴趣，而不仅仅是视觉效果好。

第十章 社会角色感知

　　有位女士在我们学校工作，但我从来没有弄明白她到底是做什么的。她会时不时地出现在我们教室，与老师深入交流。我想她肯定是位不用上课的老师，但是我敢确定她不是校长或者领导，我不大明白他们是怎样安排她的职位的。我花了很长时间、有时候是好几年来搞清楚学校里每个人的角色。有些人我从没真正把他们归入某个阶层，有些人我知道他们的岗位，但是他们将要离开学校由其他人来替代，而我不知道新来的那个人代替的是谁。

　　这位女老师曾在两个学期里把我带到一个房间，一周两次。还有一件让人迷糊的事。房间的用途改变了，但从来没人跟我商量过这件事，而且经常有意外发现。例如，语言治疗师的扫帚柜现在变成了储存轮椅的地方。

　　去那个房间总是以我最喜欢的移动方式。老师和我一起仔细地研究这个路线，这样我每时每刻都知道自己在哪里，而且很清楚地知道我要在哪里停下。她有一个能把注意力一直集中在我身上的诀窍，并且总是把一只手放在我肩膀上，但是我最喜欢的还是她在途中会告诉我旁边有谁，他们正在做什么。这些信息有助于我发现有视力的人都能做些什么。她甚至可以看见外面的交通情况，但是她不可能告诉我什么轿车和卡车经过了。区分公交车和卡车对她来说没有任何问题（我相信它们看上去非常不一样），但是她没有尝试过辨别不同的卡车，我原以为相对于我来说，这对有视力的人来说会更简单。她总会描述她认为我能够听到和感受到的事物，但我很想告诉她有关我叔叔以及他喜欢的德国 Man Se 牌柴油机和荷兰 DAF 牌卡车。

我们来到休息室，她想了个办法让我可以不需要别人的帮助自己从轮椅里到地板上。我要先踢走轮椅上的踏脚板，然后把手臂放在侧板上向下滑以保持平稳。这总会让我大笑，而且带着好心情来实现我们见面的真正目的——听故事。

我忘了自己戴过的第一顶帽子是哪一个；可能是警察头盔（她有一个真正的头盔，我希望它没被偷走），但是我逐渐有了很多帽子，她希望我从中选一个，这样我就能够听自己更喜欢的故事。这给我留下了一个很特别的印象。我以前从来没有真正热衷于听故事，其中一个原因就是我对我将要听的故事没有发言权。人们总是在讲完了故事之后才问我是喜欢哪个。他们很少会给我一个与故事有关的物品，帮助我抓住主题的线索。很多故事都超出了我的经历范围，因此当老师一开始讲的时候我就对它们失去了兴趣。

我记得她非常兴奋地把警察头盔放在我的一边，把送奶工人的尖顶帽放在另一边。我要做的是向左或向右做些动作，来表明我更喜欢哪个。我一直都希望听邮递员的故事，因为我喜欢他被狗追的那一段。我思考着怎样才能要求去听不在选择范围之内的故事，邮递员的帽子还放在飘窗里面长椅上的盒子里。我扭头转向我认为它所在的大概方向。老师有些失望，因为我没有干净利索地用手臂拍向左边或者右边，而是在乱扭。好在她是为数不多的只会问那些我有机会回答的问题的人之一，她会给我时间来组织我的回答，而不是在我试着处理第一个问题的时候就连珠炮似的对我提出更多问题。她会观察我的动作，说"所以这两个你都不想要吗？"我认为这相当好。她惊讶地发现我知道某处的盒子里有一堆帽子。她拿过盒子把帽子一顶一顶地放在我面前，直到我们整理出邮递员帽子。这时我十分激动地拍打每一件东西，完全不管任何左右的概念。老师意识到不可能让我只移动一个手臂了，于是决定继续讲这个故事。

那天，我得到了一次特殊款待。课后我们经过看门人的公寓，引得狗狂吠着追我们。这只小狗会发出高而尖的吠声，罗斯玛丽很讨厌这种声音。当我们回到教室的时候，罗斯玛丽正为那只发怒的小狗所发出的叫声而痛苦得发狂。我很兴奋，并决心尽可能地经常去激怒那只狗。我每次经过的时候都很熟练地用高声尖叫去激怒小狗塔夫蒂（Tufty），这样一来不可避免的就是罗斯玛丽极度伤心。这太棒了！

这个选择故事的方法是希瑟·默多克（Heather Murdoch）在英国皇家盲人协会拉什顿学校教书时设计出来的。她就是我之前提到的去伯明翰大学聋盲儿童教育部当导师的那个人，她发表过几本书和很多文章。

小结

● 去活动和活动回来的路途本身也是一种值得好好关注的活动。

● 需要发表简单的方式使交流能力受限的学生能够做出选择，即使是有严重多重残疾的人也会搞恶作剧。

第十一章 食物的质感

　　一些时候我有严重的进食困难，即使给我的食物是我喜欢的，我也不会觉得是享受。如果我不饿，人们有时会误认为我不喜欢他们给我的食物，还到处说我不喜欢吃某些东西。

　　花生酱是我最近的一次失误。它一直是我的最爱，因为它会粘在我的上腭，这样我在饭后也能享用它好几个小时。我的老师有一位助手，他总是把食物从我的上腭上面刮下来，破坏了我的个人乐趣。（我知道把食物这样残留在上腭会导致牙齿腐蚀，但这似乎是种耻辱，特别是当我想要花生酱自己却拿不到的时候。）

　　最近我发现把葡萄干含在嘴里非常有趣。我能用舌头和牙齿分泌唾液，甚至可以让唾液在我嘴里停留很长的时间，直到我把它们全部吞下。那段时期，一到点心时间，学校的护工会在点心时间给我一些葡萄干，然后把花生酱涂在面包片上。现在，有了涂花生酱的面包片，我就不能像以前那样通过舌头牙齿的动作来享受葡萄干了，因为那样需要一个完全不同的动作。那次我把面包片吐了出来，是因为我当时还在吃葡萄干，而并不是因为我不喜欢花生酱的味道。从那以后，她再也没给过我涂了花生酱的面包片。

　　当我吃带有奶油的东西时候，这种食物质地上的问题几乎每天都会发生。似乎每个人都认为如果把一点液体食物和固态的食物凑在一次，那么固态食物就会容易下咽。这种方式对我来说并不管用。我吃奶油的方式是吮吸之后就咽下去，但我不能那样吃椰枣糕：椰枣糕需要不停地咀嚼。我喜欢先吃一口椰枣糕慢慢地嚼，然

53

后吸一口奶油，这样轮流交替地吃。妈妈似乎是唯一一个允许我花时间这样吃的人。她半睡半醒着一边看肥皂剧《伦敦东区人》，一边这样喂我，所以有时会忘记喂我下一匙。也许我得到充足的时间只是一个偶然。但是由于特鲁迪说了一些关于这方面的东西，所以妈妈确实是轮流喂我固态食物和液态食物。我想她过去一直参加语言障碍矫正课程。

有一天，有位妈妈来我们班上帮忙，她对自己喂孩子的技巧感到骄傲，所以自告奋勇来照顾我。我在吃饭方面是一个出了名的难伺候的家伙。她努力地往我的嘴里塞食物，沿着我的舌头用新的一勺把之前那勺压下去。我对这种方法习以为常了；这让嘴巴像是肠胃的延伸物，把食物通过嘴巴塞进整个肠胃里。我认为不应该这样对待我的嘴。吃饭时应该享受食物的味道和质感，应该有机会和护工互动，对每道饭菜的味道进行一些讨论。不然每顿饭就会像棕色温莎汤一样千篇一律。

我们有次在一堂课上做了棕色温莎汤——把所有的食物混合放入一个塑料袋然后揉搓它们；不管我们把什么放进去，最后倒出来都是棕色的。这就像颜料一样：只要把许多颜色搅在一起就可以得到棕色——美术老师告诉我们这是第三色（她是指三种颜色混合在一起）。食物不是颜料，它们需要单独品尝。我喜欢用勺子铲着吃，一勺只吃一种东西，这样我才知道我吃的是什么。这也不是金科玉律，比如我不认为面包片上的干酪单独吃起来更好。

阿佩尔·温斯多克（April Winstock）在《儿童饮食困难的实用管理》（*The Practical Management of Eating and Drinking Difficulties in Children*，1994）中采用"辅助进食"这个词语而不是喂食，来避免贬低这样吃饭的人。喂食是我们对婴儿和动物做的事，作为照顾残疾人的工作人员，我们应该把他们看做积极主动的人。在她的专题讨论会中，阿佩尔通过请人们吃葡萄干和奶油，让他们明白处理不同硬度的东西需要不同的嘴部运动。让别人"喂"你葡萄干或者奶油其中一种，然后两种一起喂，体验不同的感受。

小结

●进食是复杂的。每次只给一种质感的食物可以令进食变得简单一些。密切观察进食的人，这样才不会错过进行沟通的机会。

●说出正在吃的食物的名称。

●拒绝可能出于多种原因。改天再给他这种食物。

●给进食的人一些时间，等她示意准备好吃下另一口。观察她的整个身体来获得指示，她可能会用移动脚来示意"再来一些"。

●尽量扩大喜欢的口味。如果喜欢花生酱，那么就变花样做些腰果酱和其他坚果或巧克力酱，并且先让她闻一下罐子的味道，这样她至少有机会表达她的偏好。

第十二章 抓握感

　　特鲁迪和叔叔一直在看一个丹麦录像，决定对我做更多的莉莉·尼尔森实验。我们在微波炉里煮一小罐糖，把一根小棒浸到里面蘸一些糖，然后在玉米片上滚一下。我们从中获得很多乐趣。

　　等到它冷却下来，他们会用带子把它绑在我手掌上，让我闻它的香味，那时我会忍不住流口水。接下来的几天又做了几次这个实验。我想知道当他们突然把玉米片放在我嘴边的时候，他们想让我做什么。在一次半个小时的实验过程中，我不断地重复松手和握紧动作为了弄明白松手的时候小木棒为什么没有掉下来（这让我觉得难以理解）。我把一半注意力放在来回重复这个动作上面，这时那个粗糙但很甜的东西轻轻触到我的脸颊和嘴唇。它尝起来美味，但是设想一下我的手上有一根有弹性的带子正绑着我。所以，我发明了一个秘密作战策略，这样有时可以避免不听使唤的肌肉带来的障碍。我曾想过，如果我能控制的话，我会希望太妃糖在哪里——瞧，它常常很不可思议地出现在我的嘴里！如果我努力把它放进嘴里，它却会到处乱跑就是不进我的嘴里。

　　叔叔说他要找一种天然食物那类的东西试试。他让我吮吸芹菜梗，也把它用带子绑在我手上。这样也还行，它不像玉米片和太妃糖那样吃起来会嘎吱嘎吱响。胡萝卜对我没有任何吸引力。真正的甘草咀嚼起来更好，而且能嚼上一整天。

　　硬东西在嘴里的感觉，让我想起以前妈妈让我吸安抚奶嘴的时候。我吸着圆形部分那边，而妈妈会拿着环形那端。这比他们经常喂我的果酱有趣多了。这让我有东西咀嚼吮吸，其他人也不必担心我会被呛到！接下来，我的"小房间"里就挂上了许多可食用的东西，它们悬挂在房间的正中间，通常我的嘴所在的位置。我撅着嘴移动自己的头，直到能够吃到一口，我从中得到很大乐趣。姐姐说这很像万圣节玩的游戏——水盆咬苹果①，只是倒过来了。我试过一次万圣节的咬苹果，玩的时候差点淹死在水里。妈妈发明了一系列小玩意儿让我能通过自己的努力够到食物。把去了皮的香蕉放在网兜里应该还可以，但是只有帮我把一小块香蕉拴在袋子的一角让它直接进我嘴里，才能奏效。香蕉还有点儿容易变软从洞里滑出来。把麦片粥放在布兜里是种浪费；只能得到一点牛奶。我仍然认为这是我想喝牛奶时得到它的一种方式，而不是总依赖别人花时间来喂我。这些似乎全都有助于锻炼我的口腔运动功能，我也确实能够相当熟练地协调颈部、下巴和嘴来获得食物了。

有些人不喜欢我流口水，我们学校有个工作人员总是不停地对我（和其他人）说"吸一下，然后吞下去"，几乎把所有其他方法给排出了。她很惹人烦，但我恐怕也对她不怎么友善。或许她谈论其他话题会有趣些，总之不是在说流口水这个问题的时候。通常这不会让我觉得困扰，但是有些情况下也会有麻烦，尤其是在湿冷而且有风的日子，我希望我的下巴干爽一点。如果我能不让看护给我刮脸，也许我以后可以蓄出胡子来。

如果安东尼那条湿乎乎的围兜很久没换的话，我可以在一英里外就能闻到那味道。他正在接受观察，看是否有其他调节方式来治疗他的脱水情况；他必须喝很多水来避免失去水分。我们班的另一个孩子恰好相反。她呼吸时带着一种刺耳的声音，而且嘴巴总是湿乎乎的或者像个室内喷壶一样唾沫四溅。

---

① 译者注：万圣节传统游戏，即背着手去咬漂在水盆里的苹果。

小结

●有些回应需要花费许多年的时间。

●提醒也可能是一种唠叨。

●嘴部运动是可以学习的，应该受到鼓励。

●流口水不好也不坏，它是中性的——虽然不方便。晕车片可以使流太多口水的嘴巴变得干燥，唾液腺在极个别情况下会被腐蚀。

●用嘴呼吸的人嘴巴会很干燥，如果不能立刻改变这种呼吸方式，可以涂油膏来减轻这种情况。

第十三章 嗅觉

　　我们有一位游泳护工，他由于自身健康问题很早就退休了，但是这一点都不妨碍他的动作。所以他自愿来我们学校在一些游泳小组帮忙。他有一个得意的理论，他认为我们有些人是通过嗅觉认人，所以他总是涂上须后水，而我们就能凭这个认出他。我发誓整个游泳池都能闻到他的味道，在他游泳的那些日子里泳池的水面上都多了一层油。

　　他没意识到他已经不花一分钱就拥有了一种独特的味道。他带着一种独特的冷香味，再多的布鲁特牌须后水也掩盖不了。因为他留着胡须，所以我从来没弄明白他把须后水用到哪里了。也许他剃得是我们看不见的部位，谁知道呢？我发现这一切有点混乱，刚开始和他一起游泳的时候我的确感到有点恶心。然而他是个可爱的人，他自身的体味讨人喜欢而且容易让人接受。人们给我的嗅觉留下的是一种柔和的印象，但这并不意味着我无法分辨出他们。

　　人们有时因为一些气味而觉得尴尬，所以人们不愿意承认那是他们散发出来的气味。我知道为了刺激异性，身体会分泌外激素，但是我只听过一点点这方面的信息，所以在这方面并不权威。然而，我确实察觉到人们在清醒状态下，身体的味道每天都会发生变化，而且一天之中也在不断变化。有时候与一个人在一起待很长的时间也挺好的，因为他们身上擦的香水会逐渐变淡，这样我就能够品味他们身上的独特气味。

因为我在轮椅上度过了人生的大部分时间，所以我经常处于人们的胯部位置，这个部位似乎会发出一些重要的嗅觉信息。叔叔的狗好像很喜欢人的胯部位置。它总是跟我坐在一起把它的鼻子塞到我的胯部，猫也总是蜷曲在这个部位，虽然我认为猫是因为这里比较暖和所以它们比较喜欢待在这里；它们就像是小小的寻热导弹。几年前我们养了一只猫，它总是偷偷地溜进我房间，依偎在我脖子周围。爸爸觉得它这样会让我窒息，就会把它关在门外。他不喜欢猫的嘴和我的嘴挨得太近，因为这样我们都在呼吸彼此排出的气体。我很想念它，有时还能回想起它在时的味道。

似乎人们能随意品味的那点气味是从衣领里散发出来的热气。人们经常把我抱到他们的脖子那里，一阵热气和气味扑面而来，而且经常混杂着香粉和各种化妆品的味道。由于我们或多或少地被衣服遮住，所以我衣领是散热的主要通道，还伴有脱落的皮屑（构成了家里大部分的灰尘）。这总是会让我打喷嚏。因为我不能自己擤鼻涕，这样一来，打喷嚏倒让我感觉舒服。我一直在练习协调肺和横膈膜，但似乎我的声音和鼻子注定是迟钝的。打喷嚏就是这样。它们确实使我感到舒畅，让我能够察觉到气味的细微差别。

有一次，我鼻塞了差不多几个月。我辨别他人的主要途径被封锁了。直到春天里的某天我闻到一些花粉，我才想起它，然后又重新回到了这个充满芬芳的世界。我的同学罗斯玛丽长期鼻塞，很少有机会能享受到这些。但因为她可以看见，所以对她来说这也许并不那么重要。我有一个同学似乎被确诊一辈子都要鼻塞，听说那是黏液腺被腐蚀的缘故。

如果一种味道太刺鼻，那么的确有可能感到头晕目眩，就像游泳池里须后水的味道一样。这种味道会残留下来，并且妨碍下一种东西散发气味。每个人、每个地方似乎都有一个气味代码。在家里，除了烹饪的味道，还有地毯的气味。地毯会吸收整个家的气味，然后慢慢渗出一种具有历史感的味道。学校的所有房间都可以通过气味来辨别，有时候人们会把一些小标记挂在门把手上，认为这样可以帮助我辨别每个房间的功能，我常为他们所做的这些努力暗自发笑。奇怪的是，这些房间的功能每学期都会改变，标记也随着变化，但是原来的那种气味一直留在那里。有段时间我手上有一些味道记录了我一整天的活动，但是一有人帮我洗手就会把这些味道擦除。我希望有一种办法可以保留这些味道而自己不会变脏。

建筑物越现代，气味的差别也就越小。声音方面亦是如此。现代建筑里的所有房间听起来都很相似，但经过几代人扩建和改造的老建筑则有不同的地板、不同的门廊、不同的高度和距离，当然还有独特的积累起来的气味，它们是从建筑材料和居住的人身上散发出来，渗透在一起的。

当我通过感官体验的结合知道自己在哪里、和谁在一起后，我就可以知道总体景象是什么样的。我不会自己思量"闻起来像吉姆、听起来像吉姆、摸起来像吉姆"；辨别的过程更像是一下子同时意识到吉姆的所有特征。如果我能听到他一边吹着口哨用很重的步子沿着走廊走，一边摆弄口袋里的钥匙，那么这对我很有用，但是他不必为了让我认出他而故意强调这些。

现在罗斯玛丽能看见并听见吉姆，但她还是不能认出他。我认为这并不是因为罗斯玛丽没有得到这些信息，而是因为她不重视它们，不记得以前曾看见过他或听见过他的声音。我们能为罗斯玛丽做的全部，或许就是从她的特殊视角记下她的观点。我有一种预感，只有当吉姆抱起她旋转的时候，罗斯玛丽才能认出他。与其说罗斯玛丽认出了他，还不如说她认出了他的动作。这里面似乎完全没有任何人与人的成分。我想知道她处在自闭症的哪个位置。

我们学校有次来了一位研究者，他是来观察我们对气味的反应的。我虽然参与进去，但我没办法告诉他我对正在闻的气味有什么想法。其中一种所谓的气味是脏衣服的味道，还有新割下的草的味道。那些气味被装在瓶子里，但这些东西本身很常见（如烟熏培根的味道），这让我感到奇怪。当史蒂文（Steven）被问到亚麻布的味道让他想起什么的时候，他回答说"爷爷"——这逗乐了在场的每个人。我遇见过史蒂文的爷爷，他说的一点不错。

罗杰·亨兹（Roger Hinds）在沃里克所做的学术演讲的核心部分是盲童对味道的反应。他现在姓威尔森亨兹，管理"选拔、技术及培训"这家公司（见附录）。那些人造气味由雅芳化妆品公司为他调制。

显然，制造这些臭气的公司也生产工业香水。除了我，所有人都知道并喜欢那种超市里新鲜出炉的面包味，这常常困扰着罗斯玛丽。他们在超市入口让这种香味飘向我们，但是面包房其实在商场的另一端。必须穿过所有待售的东西，一路流着口水才能到达真正的面包房。

当罗斯玛丽旋转时候，她通过一系列感官来感知动作。倚靠着那位抱着她旋转的人，她能感觉到皮肤的压力在改变。由于加速度和离心力，她内耳中的液体会有溅声，她柔软和充满液体的身体也是如此。当关节摆动的时候，她能感觉到关节在运动。每块肌肉的感受器会告诉她，它们运动时处于什么状态；耳内的前庭感官会告诉她，头部处于什么位置；她的皮肤则会记录温暖和寒冷以及质地。关于所有这些感觉需要如何进行教育性的关注，如果想了解更多可以阅读弗洛·朗恩（Flo Longhorn）的《特殊人群的感觉课程》（*A Sensory Curriculum for Very Special People*，1998），她的一系列小丛书可以从卡特莱斯特教育资源（Catalyst Education Recources）获得（见附录），或者参加她的启发课程。

小结

●嗅觉，即对气味的感觉，是一种被低估的信息来源。

●皮肤或身体组织的深处有十几个或更多的感觉系统在运作。这里面任何一个都有可能机能失调或者未能充分利用。

第十四章 对手势的感觉

　　学校新来的人员过去要学习某类总是让我困扰的交流系统。这种交流系统与手的动作和脸部表情有关，似乎是有视力、身体健全的人一直在使用的普通手势和表情的夸张形式。

　　一位老师认为我是个聋子，于是以一种复杂的节奏轻叩我的手指。很明显，他这是在我手指上拼单词。不幸的是，我的触觉不是很好，所以通过这种方式我并不能判断出他给我传达了什么信息。好在他每次用手指拼写的时候都会说出声，所以我还是能收到信息的。无论是用手指拼写还是讲话，我总是接收信息的一方，只是我不能以同样的方式做出回应。特鲁迪说如果只是一种单向的方式，那么就完全称不上交流，只有我用胳膊拍打做出选择才真正算得上是交流。

　　在大部分班级里，每天都有几节课是用手语/哑语进行交流的，但由于我显然不能从中受益，所以我通常在这些时候会被安排做其他事情。那时候我确实有几分同意这么做，不过我仍然不喜欢被排除在外。我通常能抓住要点，知道是怎么回事——的确，这并不总是值得去努力，最起码那些内容常常是无关紧要的。比如傻乎乎的"早上好"礼节需要挥挥一只手臂来表示"每个人"，这个我从来不挥手臂也知道意思。

　　有一个时期，我被放到平台上的时候上面会有一个盒子，里面悬挂着经常让我来敲的硬东西。有位助手会坐在旁边看着，说些"聪明孩子，你找到了肥皂盒""很好，左边一点"之类的话。她能这样坚持好长时间。不过我玩装死玩了几分钟后，她就会开始打盹了。这样我就可以听见其他人进行到了哪里。后来，我听见她跟我的老师讨论说我现在已经对小房间厌倦了，也许她可以跟我一起做些其他事情。我抓住各种悬挂着的东西，疯狂地撞我的笼子。老师值得表扬，她还是决定让我继续使用我的安全空间，尽管从来没人注意到我想参与他们的手语课程。这种由于沟通不良产生的恶作剧到处都是。

琳达·麦克威廉（Linda McWilliam）和玛丽·李（Mary Lee）出了两本书和一张光盘，《动作、手势与符号》（*Movement，Gesture and Sign*），可以在英国皇家盲人协会或爱丁堡皇家盲人学校找到。他们展示了如何向有严重交流障碍的盲童提供结构化的手语。如果你有机会去爱丁堡，一定要去迦南巷看看专门为有多重残疾的盲童而建造的新建筑。爱丁堡大学的布朗文·波伍德（Bronwen Burford）曾为特殊儿童制作过一个非语言交流的极好的光盘。爱丁堡第三个让人钦佩的资源是爱丁堡大学教育学院莫瑞馆（Moray House），玛丽安娜·比尔金斯（Marianna Buultjens）在那里努力完成了大量的相关资料；可以参阅她和斯图亚特·艾特肯（Stuart Aitken）的全书（Aitken and Buultjens，1992）。

小结

●信号可以通过调整使它们更接近身体，含有更多的接触。

●交流的需要对正在学习这个系统的人来说很重要。要从她感兴趣的东西开始，而不是从操作手册第一页开始。

第十五章 听觉

　　我的一位老师是个古典音乐迷，她常常会给我们演奏非常美妙的曲子。她十分喜欢大键琴和管风琴。我记得我渴望能够说出 Buxtehude 这个词（Dieterich Buxtehude 布克斯特胡德，丹麦著名管风琴演奏家）。我晚上躺在床上想着它，但我不知道这个音是怎么发出来的。我发现人们把嘴唇合在一起就能发出 B 的声音，嘴的后部则能发出 X，但是我没办法让自己的舌头、下腭、嘴唇和呼吸保持协调，所以我只能发出一种特殊的呻吟声，而我其实是在说 Buxtehude，至今为止还没有人能明白这个声音的意思。我奶奶有次差点就听明白了。她说："噢，他喜欢那个管风琴音乐。"然后给我买了一张难听的 CD，里面有三十几首剧院管风琴的舞蹈音乐，好在只有我在她家的时候才偶尔听一下。有时她会忘记放给我听，那真是一件幸运的事。

　　我发现不管在什么地方，要他们播放我选择的音乐都是件非常困难的事。由于姐姐对男孩乐队和车库摇滚乐的狂热，我不情愿地成了一个当前流行风尚的专家——人的口味真是没有道理可言。我试着在轮椅上表现出沮丧又委靡的神情，但她觉得我那是放松的状态而且很享受这种音乐。回想起我和音乐迷待在一起的那年，我认为那是声音的黄金岁月——尽管我发现歌剧也有一些相当糟糕的部分。

　　我现在能接受任何形式的现场音乐，特别是如果我能与音乐家见面，并且让我靠近他们的乐器。第一次按到电钢琴的时候我大吃一惊，我发现它竟然完全是骗人的：我听见的东西根本就不在电钢琴这里。我开始怀疑许多声音的真实性，并对唱片的欺骗性有了新的认识。问题在于我被优质的系统包围着，所以这很容易让我误以为这个东西就在我旁边，而实际上并非这样——只是一张唱片而已。声音也同样如此。它们从四面八方向我涌来，而有一半的时间其实那里一个人都没有。

适应收音机我倒是没问题，因为我能听出来它是一个机器，而且每个台都有独特的嘶嘶声和嗡嗡声，这样我就能够知道自己在收听哪个台。我叔叔认为当我们进入数字时代后，所有电台会进行调整，而且它们都会像 CD 一样，那时我就分辨不出来收听的是哪个台了。

我非常喜欢第四电台。很多事我都是从那里知道的。有些东西在学校教给之前我就已经有了几分了解。我可以说"女性时间"是我最喜欢的吗？我喜欢周末主打节目，但往往节目已经开始了我们还没打开收音机。不过这种情况正在好转。特鲁迪已经给一台收音机安装了一个有自动收听按钮的开关系统，她向我示范了如何按开关来换台。目前为止我们只是在玩它的开关；还没让我听我所选择的频道。我希望她能带着它回来，这样我就能够找出第三电台，说不定还能听到一些布克斯特胡德的管风琴曲。人们是怎么知道接下来是什么节目呢？我听说过《广播时报》很多次，但我不知道怎样弄一份或者怎样从《广播时报》上找到正在播出的节目。我估计这与读写能力有关，但这个问题我可没办法解决，因为我看不见印刷字，手指也不能感觉布莱叶盲文，所以我十分依赖听觉或只能希望好运气。

最近我在听一个晚间测试节目，我知道所有音乐方面的答案，如果我能告诉别人答案的话我能赢一品脱啤酒，虽然我并不喜欢啤酒。似乎极少人能记住曲调和相应的音乐家，这让我很惊讶。我想这是有视力的人存在的问题，因为他们更加依靠视觉而不是听觉获取信息。更何况在音乐响起时，他们似乎在做其他事情而不是专心听这张唱片的特点。这种事也发生在商店里。大多数商店都用喇叭播放些糟糕的音乐，但每个和我一起去购物的人似乎都完全忽略了这点，他们的注意力都集中在了商品上面。我可以在各个商店里进进出出，甚至没发现那是什么地方——虽然我常常能通过气味做出判断。

罗斯玛丽觉得商店很奇特。当玛莎百货入口处的鼓风机吹出一阵热风的时候，她会在门口把衣服脱了。老师会在我们到达之前请商店把鼓风机关掉几分钟，结果罗斯玛丽又因为讨厌椰草垫而开始发怒——她觉得那样的地面不安全。罗斯玛丽的妈妈就不会带着她去购物，我们老师免不了在公共场合表现得脸皮更厚一些。我想如果孩子不是你自己的，可能更不会觉得那么尴尬了。

我们差点和一个家伙打起来，他责备我们老师没有看管好罗斯玛丽。所以从那时开始，我们会携带一些写着我们电话号码的卡片，上面还简要地说明了罗斯玛丽的问题，这样我们就不必停下来解释为什么罗斯玛丽周围的商品会掉下来。实际上，她最近已经进步很多了。

我叔叔会暗笑那些说"实际上"的人。或许我最好也别说，不然有可能会跟他吵上一架。收听第四电台的那段时间，我一直用BBC英语的方式思考。近来我高兴地发现叔叔的演讲是一种很棒的交流方式；只不过不是标准英语。一位美国人告诉我们，标准英语也只不过是另一种方言——但它有陆军和海军作保证（意思是说，它是一种占统治地位的方言），因此它用于书面或正式场合，并不是因为它更好或者更正确。这个发现是一种宽慰。我逐渐相信我叔叔是平凡的，我也一样平凡。现在我倾向于认为我们是变异体。想想看，我也设想我们的残疾同样只不过是一种变异。要提醒你的是，这不会让动作变得更容易些（或者像我的威尔士朋友所说的那样容易。正是她告诉我，这些教育并不能使你变得更好。发人深省！）。

小结

●仔细的观察往往可以揭示一个人的偏好，如果这个人不能用正常方式来表现这些喜好。

●为了确定孩子们对什么感兴趣，可以让他们体验一系列声音。

●使用开关或低科技的人际交流方式来帮助他们做出选择——你可能是他们唯一的机会。

第十六章 运动的感觉

　　我的一个老师去参加了一门关于活动性方面的课程。这通常是指要戴上眼罩、拿着一根白色手杖或由一个有视力的人引导着走路和吃饭。不过这个课程是专门给工作人员开设的，他们为那些既不能走又不能自己吃饭的孩子们工作。我的理疗师在测试我的关节能在关节窝中移动多远的时候，会使用活动性这个词，这和去不同的地方有关系。

　　　　活动性和方向性方面的长期课程（两年，有合格证书）通常与康复训练相结合，针对需要适应失明的成人和老人。有时候也会提供儿童活动性方面的附加单元。为一个先天失明的孩子考虑如何勘测环境，与为一个刚失明的成人考虑如何转变她对于世界的视觉地图来适应新环境，这是完全不同的两件事。儿童会自发地发明对策，而且通常不用和失明方面精神创伤作斗争。导盲犬可以为盲人提供这方面的训练。

　　老师回来后告诉了我一些让人兴奋的事情，同时还要在我身上做些实验。她早就知道如果我想拿桌子上的东西，我能在轮椅里向前挪动自己；不想要某些东西时，就会让自己离得远远的。

　　她邀请了她的课程导师来到我们班，他们一起讨论我以及我的运动问题。我听得入了迷。老师高兴得要命，因为在她的课程导师来的前一天，我抓住一张桌子嗖嗖地向门移动。不过为了让我能够这样做，她破坏了学校的规定。学校规定说，轮椅中的儿童固定时，必须把刹车制动打开。

他们要求我演示一下我所做的事，但我不记得自己是如何做到的了。他们告诉我桌子在那里，然后把我的手放在桌子的一角，我有些痉挛地试着做出了相似的动作，在感觉上好像这个动作真的是在我自己的控制之下。我后退着朝门口急速移动，接下来我的手钩住门边，向后方退着通过门口。老师从入口大厅那里调转了我的方向，这样我就朝着校长办公室加速后退，又用同样的动作抓住门把手，然后反着敲门进了办公室。

"我们该怎么处理这个问题啊？"校长和我的老师齐声说。"什么问题？"活动性课程的导师问。他和珍（Jean）对我的自力推进过程感到非常高兴，一点都不担心我只是会后退。他们一致认为，由于我不是通过眼睛来决定让自己朝哪个方向前进，所以我目前阶段面朝向哪里运动并不重要。

我想如果老师们都参加像珍学习过的那种课程，那么用员工讨论时间采纳一些我听他们讨论过的观点会是个好方法。校长建议开设一个员工开拓日，还定了一个具体时间，这让我很高兴。后来我发现在那天其他孩子都不用来学校，遗憾的是，我竟然还要在那里。

到了角落我就会得到帮助，然后老师们认为我需要抓住某样东西来绕着转弯。他们觉得将橱柜上的门把手拧到扶手上能够奏效。老师的女儿来了后在一些关键点用螺钉固定住，但我还是完全不能使用它们。最后在每个关键点都钉上了大木块，这样我不必握住把手也能抓紧它。我只要用力就可以像弹弓一样让自己朝着想去的方向冲过去，冲到迎面走来的人身上。

因为我不知道是否会与别人发生碰撞（我们学校有一些走路非常不稳的人），所以我喜欢在其他人都在教室的时候练习这个新技巧。

在给我配置电动轮椅这件事上，存在一些悲观的说法，因为我想要移动的愿望可能超过了我的能力，他们认为我不能到达我想要去的地方。尽管我听说学校和一些家庭花高价购买了电动轮椅，但确实没有多少盲童配备了它。有时一些访问者告诉我们，那些钱都被浪费了，孩子根本不能操纵它们。这对于所有关心此事的人来说，肯定是个打击。

我想，如果我们能去一个地方试遍所有不同类型的电动轮椅就好了。

当老师告诉我爸妈这些的时候，他们都感到很惊讶。我在家从来没表现出想要走动的欲望。我们的访问者则和我的观点一致：家里太小而不适合快速移动，何况轮椅在地毯上也更难滚动。

我们在学校礼堂开了一次欢闹的会议。爸爸在那里用三个木头支撑的缓冲垫做成了一个车库，摇摇晃晃地靠在墙栏上，但里面软软的。我要做的就是开着从安东尼那里借来的电动轮椅进车库。我无意中从一个角度压了操纵杆竟然令轮椅走了曲线，正好让我进了车库，然后撞到侧墙，结果车库的三个部分都坍塌在我头上（这就是为什么我告诉你说里面的墙面是软的，这样你就不用为我着急了）。

我记得妈妈说过我的体能训练老师很没趣。他总是大声命令我向左转、压下控制杆、停下等，而且还担心我会把东西弄碎。我不知道怎样回应他的指示，因为我那时候还没分清哪边是左，也不知道按一下操作杆会使方向和速度产生什么样的变化。幸而，所有人都被我滑稽笨拙的行为给逗乐了。他们让我试了许多次，但是我还是没能再现第一次那样振奋人心的成功。看护认为如果小零件松了，我只会把这些东西弄弯——但不管怎样，谁问她了呢？技术老师说我们可以沿着走廊铺一条轨道，让轮椅在传感器的帮助下自动沿着轨道前行。这对我而言听起来有点像是"未来世界"。我觉得如果他们沿着走廊装上霓虹灯，我就能够顺着走廊驾驶了。我发现霓虹灯的亮度刚好能让我辨别前进的方向，可以告诉我面朝着哪里，只要稍加训练我就能够很好地运用它们。令人恼火的是，他们装上了一排排的地灯，这似乎与房间的布局无关。

因为我会从轮椅上滑到地板上，又破坏了临时车库，所以我成为一股必须认真对待的力量。

我第二次尝试从安东尼那里借来的电动轮椅用上了气泡塑料膜。我们有几码长的气泡塑料膜，它们都被卷起来放在储物柜里（显然，校长会在棘手的会议结束后去那里，把气泡弄爆作为一种治疗方法，但是我不应该知道这些），把气泡塑料膜铺在地上，然后在上面跑跳是非常刺激得。对我来说，则是用奔驰（Merc，梅赛德斯奔驰的缩写，安东尼的看护这么叫他的轮椅）的轮子把它压平。

这是个有点像放烟花的夜晚，只要我向前按压操纵杆，就能继续保持在一条直线上前进，轻松地压破数以百计的气泡。我们活动性方面的访问学者认为我可能很难意识到一根操纵杆可以同时操作倒车、前进、左转或右转，所以他们制订了一个计划，在我的托盘里放上不同的开关，我拿到左边的就左转，拿到右边的就右转，前进和后退也是同样如此。

我对需要按什么才能到达停车场更感兴趣。那时候，我还不知道到达那里需要完成一系列精准的前进、左转、右转。然而，我当时正想要到达那里。当所有的人意识到我正集中精力想办法出去，他们把我带到门口，然后我发现只要稍微偏离中间的道路就会让我撞上两边的柱子。我从来没有遇到过这种情况，而且我需要时间多练习几次——撞上它们，直到我记住它们的位置和重要性。随后他们允许我沿着走廊慢慢移动，我弄翻了手杖架和签到桌——这种情况我以前也从来没遇见过。

对我来说，对它们的破坏过程其实也是发现的过程。以前我沿着这些路线走的时候总是其他人掌舵，这样一来似乎以前走过再多次也没关系了，因为他们灵巧的动作让我对走廊上的门框和家具一无所知。

他们没多久就发现，我对四处活动和探索学校环境界限的兴趣转移到了我那辆普通的轮椅上，于是他们给了我一辆可以把手放在轮子上推的轮椅。在那之前，大部分人对待我就像独轮推椅上的一个葫芦——被人运到这里或那里的物体。有些人直到现在都表现得好像速度就是根本，恨不得瞬间就移动我的位置。接下来我通常是不得不坐着等。我自己也可以慢慢地移动，并与此同时保证自己安全。这样非常消耗热量。很久以前我是不介意被人晾在一边等待的，但现在我希望有什么事情能使我忙碌起来。

第一个敏感地察觉并处理这个等待问题的人出现在一节课上，在那课上我的护工总是把我推到一个角落里，那里有一个珠帘并挂着的各种东西。他常常把我举到手臂高度去够那些东西，这样我在等待的时候就可以进行一些无害的破坏。老师会轮换与班上正在开展的主题有关的不同展品，并在接下来的课程中讨论它们，在这之前我可以碰撞探索这些零碎物品。老师给了我一个碗和调羹来搅拌，在此之前我已经拿着碗和调羹让它们撞得砰砰响过了，所以我至少熟悉一部分过程。

在我最喜欢的湿乎乎的午餐时间，一位班级助理在我手腕上系了一根绳子。这根绳与教室天花板上的一张几乎覆盖整个教室的巨大的网相连，网上悬挂着海边的各种物品。那时，一个班级助理会在我手腕上系一根绳子，绳子的另一端系在这些物品上。有次我猛地一拉这根绳子，所有的物品都哐啷作响，我才知道绳子的另一端是系在那里。每个人都想试一下。直到彼特（Peter），这个总是做些具有挑战行为的家伙，狠狠地用力一拉，整个网都塌下来了。结果我再也没有机会拉了。我不喜欢彼特，也不喜欢那些由于他们的粗鲁行为而让我没机会再试一次的人。

那个研究活动性的访问学者还让我们班出台了一些新的常规。他告诉我们，在他曾参观过一所学校里许多孩子像我一样都有站立支架。老师认为他们被固定在站立支架中会显得太孤立，虽然他们可以把手放进托盘里的碗中玩水，但他们还是不能像其他孩子一样在活动中交际。玩沙子不错，既有沙子又有朋友则会更好，这样就知道舀一匙沙子给谁。我和安东尼试过这种新计划，我们被固定在两个相对的站立支架中，这样我们就能够共用一个托盘。

有时候我们会挥动着四肢陷入一些奇异的混乱状态，尤其是在玩我们最喜爱的曲棍球的时候。我们必须以撞到一只铃或者锣为目标猛击一个沉重的鼓。我们没有人去计数，所以我们从没输过一场比赛。玩曲棍球实际上就是摔跤扭斗的一个借口。

一旦有老师加入，我们中的一方总会有人输。显然有必要找出谁胜谁负，因为这样我们才在数学方面得到一个记号。所以这样也不错。

　　琳达·拜得比（Linda Bidabe）发现，那些似乎看不见的人一旦和其他人同样心情振奋，就会开始使用他们的视觉。残疾公司有出售她的一系列活动课程方面的商品和教学录像（参见附录）。

在我最近的发现旅途中，我察觉到自己对那些为我推轮椅的人有明显偏好。认为我像物品一样需要从一个地方移到另一个地方的那些人，与把我作为一个有感觉的人来对待的人完全不一样；有些人甚至把我当做旅行者来更尊重我——他们记得这是谁的旅行。他或她把自己看做是我的能源的那种人是我最喜欢的，他们会把我带到如果我能自由行动会去的那些地方。这些人就属于"这是谁的旅行"那一类，不过只有偶尔运气好才能碰见。

包容并尊重我的方法需要保留人际关系间的范围。也就是说有这能力的人会在我耳边说话，而不是在我头上说话；在转角处扶着我的肩膀和背部让我转弯。他们甚至会说左转还是右转，告诉我什么时候移动、什么时候停止。因为这些东西往往是很难感觉到的，尤其是当人们犹豫不决、缓慢前行的时候，我不可能使用身体里的液体来感觉转弯、加速或减速带来的离心力。如果人们明白了这点，我就能够感觉到整个过程，或勘测出我的旅程。一个具有启迪意义的时刻证明了这一点。当时我在一个社区中心正被推上楼，我意识到一定会穿过那家餐馆［名字很好，但其实是赫克托（Hector）经营的一个简陋的咖啡馆］。我明白这回并不是气味将位置告诉了我，而是理性推理让我获得了方向感，这很清楚。那里有一个斜坡通向门口，所以下楼很容易。通过推拉门时发出的撞击声传到亚麻油地毡上，下水道井盖发出的咔嗒声，花园门和咖啡馆之间的嵌式草垫，接着是一点水泥地，然后是地毯和什么臭气，这些陪伴我们度过了整个温暖的上午和午餐时间。

大型建筑的楼上比楼下的线索少，但所有路程都有个明确的时间和速度来让我估计距离。从这个楼的中心到电梯（这个电梯似乎专供我一个人使用的）需要若干秒的时间，这让我选择电梯作为一个地标。

回到双面推拉门那里，我的能源也分成了两组：一些人让我通过了门和其他障碍；另一些人把我的轮椅作为一种工具来开动这些冒险。他们让我的轮椅钩住门边，然后向左或向右对我快速轻拍一下，在门弹回来之前再向前一推，这样我们都不会在门回弹时被打到。为了满足那些对防火措施敏感的人的要求而改进了的房屋都有一排我必须克服的防火弹簧栅栏。它们是我进步的标志，但是另一方面也是我频繁迷失方向的地方。如果我像以前一样把它们推到一边，那么向左或向右的轻拍会把我的心理地图完全搞乱，最后我会对自己所在的地方感到惊讶。路线是深不可测的。也许这就像我头几次去壁球场一样，我一直遇到许多格格作响的门，但后来我意识到不是许多门而只是一扇门不断地重复出现。

我们有个来访的波兰人，他在家庭假日会来做志愿服务。有一次，我们全都出去玩了，他推着我围着一个矩形房间不停地走，直到我明白它是四边的；然后他又带我穿过对角，让我明白这些空间不是线性的，而是三维的。我们玩的一个金属板上面有三角形的磁铁，这样我们就明白跨越空间捷径的几何实体。对于那些有腿而且能够自由活动的人来说，这种方法很好。但是我只能向你背诵这些单词，而不完全理解这些意思。

博古斯拉夫·马雷克（Boguslaw Marek）是波兰卢布林天主大学（Catholic University of Lubin）的一名语言学教授，他推荐"饥饿的手指"等资料来帮助盲童形成有用的概念。联系地址参见附录。

在中途不告诉我就更换推轮椅的人也会让我感到吃惊和迷惑。我一直很努力地记住人们的特征，即使是很安静的人。在我面前突然换人很容易做到，但这会让我认为人们可以神奇地出现和消失。

小结

●坐在轮椅里被别人推着是很被动的。当推动自己的时候，则是主动的。主动的状态意味着学习和认识，是具有教育性的。被动是特殊教育的祸因。

第十七章 距离感

爸爸曾带我去附近的飞机场，为我们即将开始的假期计划做好准备。他认为我需要适应所有新的声音和陌生的旅行感觉。几次短途旅程之后，我们就被引入一架飞机。由于一名机组人员迟到，我甚至到了飞机驾驶舱戴上耳机连接到空中交通指挥中心！一名乘务员给了我一瓶可乐，是我拿到过的最小的一瓶，但它喝起来跟大瓶的效果一样，都让吞咽非常困难。

在我得到度假的消息之前，我曾经体验过一次国际性的场面。我们班来了两位来自南非的访问者，一个人滔滔不绝地说话；另一个则像我一样从不说话。安静的那个是个小女孩，她坐在我旁边，名单上她是在我上面。她会笑，会运球，用残肢戳我，用头上戴着的防护帽撞我。她试过了我的小房间和共鸣平台，那时我正在里面认真地做游戏作业（playwork）。里面的一些东西激起了她的幽默感，也让她有了谈话的兴趣。她对我说话，好像我能听懂她说的每个词语，而我确实大部分都能听懂。我得知她是在棚户区（我不知道这是什么意思）的一次火灾中被烧伤了（我知道这是什么意思）。她的眼皮、鼻子、嘴唇和手指都被烧掉了（每个部位我大概都明白，但很难了解其中的意义）。我想我们老师了解，因为现在她在我们厨房的角落里放了一个锡罐，如果有人把东西烧坏或者烧伤自己，全体工作人员都会把钱放进罐子里（他们还没有试图烧伤我们中任何一个，如果做的话，一定能筹到一笔巨款）。

第四电台的利比·珀维斯（Libby Purvis）在周三对他们进行了

采访，我们全班人都听了。另一个访问者开始的时候对多拉（Do-rah）十分警惕，但后来发现可以把她作为一个只不过喜欢与友善的人玩摔跤的小女孩进行谈论，我觉得这很有意思。

国际儿童消防协会（Children of Fire International）对多拉·莫库纳（Dorah Mokoena）以及其他烧伤受害者进行了资助，他们被布朗恩·琼斯（Bronwen Jones）鉴定为需要进行整形手术或者需要其他帮助。布朗恩·琼斯还在南非组织了棚户区的防火工作，支持扫盲和学校教育，并围绕烧伤儿童问题从事了其他活动。详情参见附录。

小结

●一生下来就失明的人被称作是先天失明；在以后的生活中失明的人被称作是后天失明。每一种失明所涉及的问题都不一样。

●后天失明的人可能有视觉记忆。《触摸岩石》的作者约翰·霍尔（John Hull）教授虽然是在十几岁时失明，但他向我们讲述了他对于人们面孔的记忆是如何消退的；尽管他能够描绘出一个框架，却再也看不见人们的面部。一个朋友曾告诉过我，她唯一的视觉记忆是在她七岁失明前，她妈妈从食品储藏室里拿出来的一碟生肝。

●比利时有一所日托中心，那里有些人是天生的聋盲人，有些天生盲童后来失聪，有些天生失聪后来失明了，还有些则是后天失明又失聪的。他们有不同的需要和交流系统，然而却被带到一起，好像所有的聋盲人全都一样。麦克林恩斯（Mclnnes）和特福瑞（Treffry）在撰写加拿大教材《聋盲婴儿和儿童》时，他们观察到唯一共性就是那些孩子们的独特性！

第十八章 对死亡的感觉

我的父母并不会为了保护我而遮蔽现实中残酷的那一面，我是不是很幸运呢？就拿死亡来说，姐姐的天竺鼠死掉的时候，他们把我带到笼子外面，让我握着它的尸体。尽管姐姐在铲出第十七号臭气（在我的分类里）的东西时，我都有把天竺鼠费伯特（Fibert）放在我腿上，但由于我一直不喜欢毛茸茸的动物，我也就不能肯定费伯特毛茸茸的外形上哪边是头或尾。

当我摸自己头部的时候，我认为应该是从头皮开始。另外在我看来，头发是超出我外部界限的累赘。至于天竺鼠和大多数其他类似的动物，我很难摸到它们的头皮；软毛布满了它们全身，但在某种程度上也使得空气和它们自身没有一个清楚的界限。在这一点上，毛绒玩具也是一样。我一点都不喜欢玩毛绒玩具，但我奶奶意识不到这点。

每次我们在奶奶家的时候，她都会拿出那个巨大的"保加利亚叔叔"。我认为她是第十一个抽奖抽中它的人，也是第一个没有把它交给另一个抽彩售货店回收利用的人。"保加利亚叔叔"以前的主人当中，有一个人吸烟，有一个人用薰衣草熏香；它的皮毛深处印着许多过去的痕迹。它无法摆脱我，或者说我无法摆脱它。我很喜欢它的脸、眼镜和马甲，但是不喜欢它身体的其他部分。不过不管怎样，我还是必须和它睡在一起。它还是有点用的，因为有时候我一觉醒来不记得自己在哪里，只要发现"保加利亚叔叔"躺在我旁边，我立刻就能明白过来——现在是在奶奶家。

这样一件玩具和一只死掉的天竺鼠，感觉起来竟出奇的相似，但死了的东西更硬、更重。玩具不会重得让人相信它是死掉的东西。

奶奶死的时候，家人也让我触摸她。这样一来，我就知道我以后再也听不见奶奶的声音，并且再也吃不到她做的食物了。那天，房间和屋子里的一切都有一种特殊的气味。

奶奶是一名优秀的催眠曲歌手。我有一盒录有她唱的几首歌的磁带，妈妈不允许我听，但是叔叔会为我播放。他装配了一个压力开关，我只要向右边摇头就能够控制开关。如果我听见妈妈走过来，就会把它关掉，等她一走我又打开，所以我可以在就寝时间秘密地回忆可爱的奶奶和不那么可爱的"保加利亚叔叔"。

奶奶死后，我得到了"保加利亚叔叔"。我想，它被放在了我衣柜旁边的一个高架子上面——那是个没有回音的死角。我现在已经掌握了用肘把它推下去床的诀窍，否则如果把它放在床上和我一起睡，我每次醒来都会以为我回到了奶奶家。

我经历的另外一次死亡事件是我们班上的一只水龟。这是我第一次闻到腐烂的味道，我把它也纳入了我的臭气收藏当中。我们为它进行了体面的葬礼，表现了适当的沉重——除了安东尼一直在咯咯地笑。我想这只水龟可能上周五就死了，它去了水龟死后都会去的一个地方。直到星期一我们到学校的时候，已经过了它的保质期限，一位班上的工作人员就这样十分不敬地说。

水龟很容易控制，它们自始至终都很友善、很脆弱。它们慢慢地摇摆着腿，不会把我吓一跳。我确实会因为不舒服而扭动一下，但我更害怕会在我手臂上爬行的南美千足虫。那个不敬的班级工作人员在那种场合下可不仅仅是扭动一下而已；她必需别人帮助才能感觉到教室内的特殊气氛。

我最喜欢的动物是一种奶牛，并不是一般的奶牛。我只见过一次，但我会永远记得她和她的哞哞声。我们全班一起参观一家农场公园，旅途后我觉得不太舒服，所以没什么心情参观前面几英里远关在笼子里的动物，也不想闻各种各样的臭味。

老师看出我不会喜欢这次的动物园之旅了，所以她把我带到一块田地，让我从轮椅滑下来，靠着一头正坐着的奶牛的侧面。这头奶牛正在咀嚼反刍的食物。你知道反刍动物会把他们吃掉的食物返回嘴里再次咀嚼吗？我明白了为什么沉思的人在静静地思考问题会被说成是反刍和"反复咀嚼"。

整个参观时间，我都和艾米丽（Emily）坐在一起。她的侧腹很宽阔。我想这是我唯一真正了解她的一处地方——虽然我知道她身上所有其他部位的名称。她的肋骨跟我一样长，她的皮热乎乎的，而且有股刺鼻的味道——就像她转过头看谁靠着她时的呼吸一样。她就这样让我靠了将近一个小时，这是我经历过的最棒的一次农场参观。虽然她是我闻过的最难闻的动物之一，但我没有把她身上的味道列入我的臭味收藏中。这种气味归类在"艾米丽的 E"里（Emily 以 E 开头），并参照好闻的"奶牛"气味。

未包装的活物值得仔细观察。原则上，叔叔从不在大型超市购物。不管天气怎样，他都喜欢带我去集市。在那里我可以清楚地体验每类商品，而且这些商品最好是没有包装的，这样我还能够体验不同的品种。

集市的摊主总是十分善于闲聊。不知为什么，塞恩斯伯利（Sainsbury）的水果摊相对来说要比较冷清。我通常都会参与挑选和称重，然后把东西倒进袋子和篮子里。我几乎每次在决定要不要买之前，都能得到一个货样，尤其是葡萄。那些从成串上的掉下来的葡萄似乎是我和叔叔的固定免费小吃。叔叔会轻咬一下，把皮吐出来再给我吃。

但我刚才是在谈论死亡。有一次，我们班的一个女孩子死了，我们为她举行了追悼会。我记得开始的时候，牧师说我们在此相聚以礼拜基督。"为什么总是他？"叔叔在我耳边悄悄说他就不礼拜基督，他只是来帮助我向珍妮（Jenny）认真道别的，所以我们唱歌的时候真的唱得很好。

作者拜厄特（A. S. Byatt，2001）写了一篇名为《我们如何丧失了嗅觉》（*How We Lost Our Sense of Smell*）的充满说服力的文章。这篇文章叙述了为了掩盖人类住所的真正味道，我们的房屋是如何充满松林和森林沼泽的气味的。首次发表则是收集在了选集《视线》中，这是梅尔恩·布拉格和詹姆斯（Melvyn Bragg and P. D. James）为英国皇家盲人协会呼吁有声读物而制作的一集文选，由Vintage出版社出版。

小结

●有些经历只与话语有关；事件本身超出了盲童的理解范围。找到一种能触知的方式帮助盲童理解正在谈论的想法，是很有价值的。

●尽管一些材料看起来不错，但触觉感受并不理想，甚至令人讨厌。

●反而有些材料看起来不好或者被认为不合意，但它们的触感很好，而且对盲童很有帮助。

●第一手的直接经验是最值得拥有的知识。

●对于视力受损的人来说，包装是理解的障碍。

●通常，为了保护儿童而遮掩残酷的现实并没有什么用。

●气味是不精确的信息源。近来由于人工气味工业的发展，气味越来越容易误导人。

第十九章 视觉

　　最近，在了解外界正在发生什么事的方式上我有了些新的进展。那是在一个小餐馆里，叔叔决定试验一种新的喂饭技术。姐姐已经坐在另一张桌子前面了，因为她怕再次被人看见和叔叔一起——她为叔叔不顾年龄限制的标志而跳进球池而感到十分尴尬，所以很高兴能坐得离我们远点。婶婶把果汁盒捏得太紧而使菠萝汁喷到了自己身上，于是叔叔为她拿了一个带吸管的果汁盒。结果果汁像水枪一样从吸管里喷出来，婶婶的脖子和衣领都湿透了——这让姐姐高兴坏了。

　　当叔叔在桌子附近向我靠近时，伟大的时刻到来了。在他走过一个有阳光照射的窗户时候，我畏缩了一下。在听完特鲁迪和妈妈讨论之后，现在我明白这是怎么回事了。叔叔被明亮的大窗户映衬出轮廓，而这个影子投射到我的脸上。叔叔注意到了我这突然的反射运动，又向后退了一步，再次走了过去，看到了我对阳光和他的黑影做出了不同的反应。他得意地大叫，欢欣雀跃地挥动我的饮料。因为他把饮料拿到我旁边时，让我张开嘴巴。然而他没喂我，直到我决定不理他，他才记起我应该得到一瓶饮料。果汁像喷泉一样流出来，这一招果然很奏效——虽然就像他们喝饮料时经常出现的情况一样，我的衣领和脖子也全湿了。现在我婶婶知道这是一种什么感觉了。

　　特鲁迪和妈妈继续发掘叔叔这一发现（虽然我认为这更应该是我的发现）的含意，我们改变了谈话时就座的方式。现在妈妈在阳光或者台灯的照耀下坐着，这样我应该能够看到她的脸，但这常常让她感到头晕目眩。我并不完全相信这样有用，但我的感觉确实有了些改善，我感觉到她在这里，而且我把手伸向我认为她的嘴巴可能在的地方，然后发现我的手指的确在她的牙齿中间。我当然也非常擅长通过其他线索了解东西的位置，但这次肯定与光照的强度有关，而不是与气味、她呼吸时的热气或者她的声音有关。我要知道她的嘴巴会动，就需要我伸手去确认我所知道的是否正确了。

丹尼尔·斯特恩（Daniel Stern）将这描述为"较高级的认识方式"，它独立于你所使用的特定感觉器官。他在《婴儿的人际交往世界：精神分析和发展心理学的观点》（*The Interpersonal World of the Infant：A View from Psychoanalysis and Developmental Psychology*，1985）一书中强调了一边听对方说话，一边看着他的脸和嘴巴的特殊重要性。他的《宝贝日记》（*Dairy of a Baby*，1990）和《第一种关系》（*The First Relationship*，2002）是这个重量级大部头著作的更易读的版本。《宝贝日记》写得非常好，有人甚至为向这本书致敬而创作了一首弦乐四重奏。

最近，高普尼克（Gopnik）、迈尔佐夫（Meltzoff）和库尔（Kuhl）还创作了令人不可思议的《孩子是如何思考的》（*How Babies Think*，1999）（在美国被译为《摇篮里的科学家》）。

戈登·达顿（Gordon Dutton，1996）写过关于视觉失认症和视觉皮层受损问题的文章，也发表过这一方面的演讲。他从这些角度解释了为什么一些看上去有视觉障碍的儿童仍然能够对某些视觉刺激做出反应。这几乎完全不能算是视觉反应，因为那些刺激是通过眼睛直接到达运动皮层，完全绕过了视觉皮层。

特鲁迪和妈妈现在又开始认真对待这个新问题了，各种副产品接踵而至。他们认为或许我毕竟还是看得见东西的，为了庆祝这一发现，他们重新装修了我的卧室。他们把面对窗户的那面墙涂成了深紫色，把有窗子的那面墙涂成了黄褐色（尽管我爸爸刷漆的时候并不是这样形容的）。另一面墙是绿色的，有门的那面墙是暗黄色，但门框是绛红色，而且门是带点苹果绿的白色（他们是这样告诉我的）。这听起来很像电视里播的某个室内设计方案，但我必须承认，有时候因为了这些对比色，我会想到墙的颜色并意识到我正面对着哪面墙，这样可以消除我的困惑。

为了帮我定位方向，他们还在紫色的那面墙上挂了一条霓虹灯。问题是它会发出嗡嗡的声音，所以我从来都不太能确定我是真的能看见它，还只是因为听见它启动时发出的声音。特鲁迪让我爸爸把它修好，这样把它打开的时候就安静了，但我不确定爸爸是否能修好它。妈妈抱怨说它已经被弄弯了，还有什么希望让它安静下来呢？

特鲁迪想控制所有的变量，这样她和妈妈才能够做彻底的探究工作，以明确地证明我所做的事情真的可以被说成是"看见"。我在让人们相信我能够看见这件事上是个老手，而事实上我只是对物体反弹的声音做出反应，就像蝙蝠的回声定位一样。

有次我这样做的时候被特鲁迪发现了，当时她正轻轻地推着我慢慢向门口走。我俯身向前，像平时一样敲门，但在敲门之前我的手就停住了，因为我发现门是开着的，我根本敲不到它。她让妈妈不停地开门关门，以证明我是通过声音来判断门是开着的还是关着的。因为声音碰到关着的门会反弹，而如果门是开着的，不同的声音就会从门外的空间传过来。她还发现我有时会用头撞到半开着的门，这是因为我不能从门的边缘获得回音。她的发现对我来说是一次痛苦的经历。

和特鲁迪一起工作的一个盲人告诉她说，正是这个原因他的前额才有了疤痕。他开玩笑说这令他秃了头，但我不确定这是否很好笑。弄伤自己的头有什么值得高兴的呢，但人们似乎总是会为这种事发笑——我认为这是香蕉皮式的幽默①。人们总是拿我在轮椅上的颠簸和碰撞开玩笑。他们应该试着在有石头的路上骑车，感受上下颠簸的感觉，看看他们是否还能笑得出来。我和阿姨以前常去参加轮椅乡村舞会，但她在我被转晕之前就伤到了膝盖，所以我到现在也还不用去。我不希望她生病，但我有点希望她的膝盖不要康复。

还有一次，那时我想知道我对运动的感知从何而来。那是舞厅里的灯光，还是体腔内和脑颅里的液体发出了咕噜咕噜的声音？可能两者都有一点吧。

我在伦敦大学的视觉发育小组遇到了珍妮特·阿特金森（Janette Atkinson），她对我进行了一系列综合测试。我相信其中一项试验是通过恐吓要掴我的脸来测试我的视力。她在我脸的一侧放了一块玻璃，而她的手就放在玻璃另一侧，这样我不会感觉到掌掴时的气流，只能看见迅速逼近的手掌。但是我没有畏缩，因为我看不见。

> 任何一位开业全科医生都可以把孩子交给视觉发育小组进行免费评估。地址见附录。

那次拜访时，其中一件最奇怪的事是他们在我临走时给我配了一副眼镜，尽管我几乎使他们确信我是看不见的。他们发现我一只眼睛远视、一只近视，并告诉特鲁迪和妈妈（那些天，妈妈需要特鲁迪在她身边帮她处理诸如此类的事情）说，如果我的大脑确实曾开始对视觉刺激做出过反应，那么我最好能够从视网膜形成好的图像开始。我并不一直戴着眼镜，但只要活动的关键地方是有关视觉的，通常都会有人记着帮我把眼镜戴上，只是以防万一。我曾经体

---

① 译者注：一个西装革履的男人踩到香蕉皮滑倒了。

验到的一次视觉经历是来自一台照相机的闪光灯；照相机的闪光灯总是能够到达我的视觉器官，而其他灯光就不能。自那次拜访回来后，爸爸装配了一些连着一个声控开关的迪斯科舞厅灯，我对着话筒尖叫就能令灯光闪烁起来。因为姐姐的声音也会使灯光闪烁，所以我区分不出来究竟是她的声音还是我的尖叫打开了灯光，这耗费了我很长的时间去弄明白。我对学校的灯光室也有同样的疑问。我极少会一个人待在这里，所以我不明白大部分开关是如何工作的，也不理解它们与那些小装置小发明之间的联系。

小结

●当一个有多种感知需要的人对外部事件做出回应时，揣摩是哪一种感觉令他做出反应的；不要草率地得出结论说是因为视觉。

●全盲的人很少；被认为是盲人的人可能还有一些可用的视力。

●在教育方面，失明通常意味着阅读印刷物特别困难。

●失明可以是眼睛本身的一个特征，或者是大脑运作的一种方式；中风、肿瘤或其他损伤也会破坏视觉皮层或影响其他组织。60%的大脑与视觉的各个方面有关。

●需要进行一系列综合性测试才能找到视觉损伤的神经病处。大街上的眼镜商没有办法检测视力如何在视网膜外工作，又如何进入大脑。

第二十章 方位感

　　我和叔叔会在寒冷的天气里外出散步。现在你可能不会对这个感到惊讶了。他认为我们从没一起坐过公共汽车，所以他买了两张不限制上下车次数的环城票。我们在每个站都下车，然后找到某类地标。他觉得我会根据烤肉串外卖店的温度和气味逐渐认识第一个地方。那家的店主非常有礼貌而且很宽容，因为我们没买任何东西；当许多人来买东西的时候我们只是站在那里，然后到了时间就去乘下一班车。

　　下一站是在一个横跨马路的铁路桥附近。我们走到桥下，听到卡车、公车、轿车和行人在桥下面经过时发出的不同声音。这美好的方式粉碎了我第一次在火车下的体验。它粉碎了我的期待，打破了我先入之见。大地在动，我的脑袋也随之共振。我们听见了柴油机和电动发动机的声音，也听见了技师在那工作。似乎还有很多咒骂声。

　　我们在一个有花园的地方下了车，经过短暂的步行，我们还在湖边发现了一只滨鹬。如果乘车的话，我会注意到我很熟悉这里——这是我的公园、我的鸭子们。过了一会儿我才把这些联系在了一起。我知道乘车时的路线顺序是转弯、停车、斜坡等，但我没意识到还有其他方法可以到达这里。之后的几个星期，我发现我也曾多次坐车从铁路拱桥下经过，但从来没有认识到那种感觉。我只知道在下雨天那里是一小块干燥的地方，而且在这里我的耳朵也有种奇怪的感觉——但那不是声音。

我知道我去其他地方的时候也经过了那家烤肉店，但坐在车上的时候它可不是一个可靠的路标，因为它的气味并不总会弥漫到汽车边上，而且那家店也不是一直在营业。我总是很快就会忘记那些不能持续标示它们存在的事物。我喜欢哥哥的电脑，因为它会发出轻柔的嗡嗡声向我宣告它的存在，但又不会盖过其他东西和其他人的声音。

我们乘坐公车进行城市旅行的一个主要目的是去一家大教堂参加免费的午餐音乐会，以前我从来没去过。按叔叔的惯常做法，在结束后我们还在那里待了一段时间，我会拨动琴弦，在键盘上敲一两个音符。这让我想起我的音乐治疗师，在我很小的时候，她常常把我放在她那非常大的三角钢琴上，配合我的动作即兴演奏。有时我的脚会放在低音键上，头在高音键上；有时她会让我的左边是高音，右边是低音。这样让她的演奏也不一样了。她总是用双关语自娱自乐，既指代音乐的旋律又指代我的肌肉活动。她会说"这个动作叫左手扭动的手指"诸如此类的话，并创作一种和我的动作相配的声音。她说我是个很好的指挥家。有一次，她把我放到了真正的琴弦上，那种感觉非常怪异。比起我花时间用钢琴的共鸣板即兴创作自己的旋律，这样更令我满意；结果是不像没有音乐家的即兴创作那么有旋律。

我在音乐会上发现大键琴的琴弦是用来拨而不是敲的，长弦是低音，短弦是高音。这是一个非常让人惊喜的发现，令这奇异的一天对我的科学教育来说十分重要，我知道这并非我的老师——叔叔的本意。

我发现事情往往是这样；我在教育过程中发现的一些东西并不是老师的目的。例如，我喜欢找出是谁在上午休息时喝了黑咖啡，谁吸了烟（这很容易），能用鼻子闻出出现在课上的各种个人信息，却忘记了那节课教了什么。

国际志愿者是我最喜欢的助教团体。他们闻起来总是很有异国情调，尤其是当他们在教室里做自己国家的食物时。最好的是他们发出来的声音，许多人都用他们的母语跟我讲话。我很喜欢他们这样做。我想我大概知道六种语言是如何说"准备、站稳、起来"的。"哦，亲爱的"似乎也出现过好几种。

小结

●旅行可能看起来是直线的，而且没有路标，因此很没趣。

●我们长大后就不再需要触摸我们看见的每件事物了，但这种需要对于不能使用视力的人来说则永远不会消失。

第二十一章 对自我的感觉

我对那些来访者心存好感，因为他们总是让妈妈处于一种十分放松的状态。我们知道他们会待多长时间，时间一到他们就会离开。妈妈说，她知道自己和他们这是在什么地方，但有些人甚至连茶都不需要喝一杯。有次妈妈算出了这些来访者喝茶花掉了她多少钱；不过我们去拜访他们时也喝茶，因为数额实在太小，妈妈就没费劲从总数中把它们减掉。

要想判断出哪些人值得见、那些人不值得，是需要一段时间的。有些人会让妈妈处于一种轻松的状态，他们以前见过像我一样的孩子，而且提了许多有用的建议。而其中有一位，妈妈不再去见她了，因为她常说妈妈是唯一的真正专家，妈妈必须自己判断做什么对我最好。妈妈咕哝着说这个人想什么都不做、什么都不知道就能拿到钱。

我们常去特鲁迪那里借一些材料。她带来的那个巨大的木质圆形平台，被姐姐刷上了最五彩缤纷的颜色。我会躺在那上面用头去撞它，这样放平台上的所有东西都会跳起来。爸爸打磨了平台的一些角落以防我触到尖刺，因为特鲁迪建议我赤着脚在上面玩。我也能用脚敲平台让物体弹起来，特鲁迪说这比撞头好多了。我不确定她是否正确。撞头也有些特别的地方。在平台上，脚后跟与头一样好用，但离开平台后就不一样了。头颅可以为我带来巨大的乐趣，我可以有力地左右摇晃头然后听到些嗡嗡的声音。甚至我手上没有东西玩的时候，头发发出沙沙声（后脑勺基本全秃了）也是我奏响的一种声音。当我感觉轻飘飘并且没有固定的位置时，摆头和撞头可以让我感觉到自己的存在。如果我打盹醒来后有点不清楚自己在哪里，只要蹭几下后脑勺，我就能知道自己是躺着还是坐着。

> 莉莉·尼尔森博士发明的共鸣平台大约一平方米，边缘处包着一英寸①的围栏，由船舶薄合板制成，所以中间像鼓面一样有弹性。对于助手来说，坐在上面与正在探索材料的孩子一起玩也是非常舒适的。

特鲁迪说我应该试验不同的表面。气泡塑料膜是最糟糕的。我在学校的那张气泡塑料包装膜总会让瑞秋（Rachel）咯咯笑上一阵，把它卷成一个长卷可以让安东尼在里面爬。然而它只能让我滚动和抗议，老师看见我把自己从那张气泡塑料包装膜里弄出来却感到很激动，而且她会迅速地把我重新放进去让我再滚一次！教育穿上了些奇怪的外衣——尽管我猜那是种物理疗法，但想想看，不知道在电动轮椅时代它还会盛行么。

现在有一种奇怪的职业。理疗师们是与众不同的一群人，他们非常强硬！马克（Mark）会对我说"你可能会觉得疼，但我还是要这样做"，然后继续观察我的关节能弯曲到什么程度。他总是会弄疼我，于是我会在自己不能再弯曲的时候大叫。他告诉我，我有两种选择：要么通过这种方式拉伸我的肌腱；要么去医院把紧绷的肌腱割开，再上着石膏拉伸。他那是说谎，因为我根本没有选择权；选择权在他和妈妈的手里。不过我很高兴按照他的方法继续下去。他的胳膊和手非常有力，他让我骑在他肩膀上的时候最令人兴奋。他说这样比跨坐在鞍马上拉伸我的髋部关节肌腱有趣多了，而且能够防止肌腱断裂。那段时间，亚瑟王对煤矿工人来说有些政治意义，马克临时把脸涂黑，我和他一起赢了运动日的马上长枪比

---

① 泽者注：1英寸＝2.54厘米。

赛。他得到的奖品是一听特泰利啤酒，后来在没人注意的时候，我们俩分享了这听啤酒。

我觉得我姐姐应该会喜欢马克。她常常会往我嘴里塞一些禁忌的食物和饮料。她只让我呛到过两次。第一次是含有碎花生仁的花生酱。她认为我应该尝一下，但我不能把它吞进喉咙里去。她对爸爸解释说，她觉得我可能已经对酸奶和糊状的东西厌烦了。妈妈教她如何把不含碎花生仁的花生酱放在我舌头上，这样它就会慢慢融化，而且当我准备好的时候会很容易地滑下去。第二次是脆米花。别人教她在牛奶里泡一会儿再给我吃，然后脆米花就成了我的最爱。

这改变了没完没了的麦片粥。阿姨认为我的食物应该换回到麦片粥。要不是它像我轮椅上的黏合剂，我想妈妈一定会选它为被发明出来的最佳食品。她说，对于像我这样的人来说，应该附上食用说明。

理疗师马克是一个健身狂。问题是，他狂热的对象是我身体的锻炼情况。他甚至希望我在假期和周末也按他的计划做一遍。其他人都能休息，就是我不能。特鲁迪说他就像多曼（Glen Doman）和德拉卡托（Carl Delacato）一样坏，他们推荐对脑损伤儿童使用脑刺激和"交叉图案"，但这颇有争议（参见附录，Institute for the Achievement of Human Potential）。谢天谢地，我妈妈对那个还不感兴趣！西德尼，我班级的一个同学，每天早上五点就要起床做他的"人类潜力"那套东西，结果在学校他半天都在睡觉。他曾去布达佩斯治疗痉挛，我们老师带来一些匈牙利小玩意让我们抓着玩。我必须说，一直抓住板条不放很容易。特鲁迪说发明这个板条纯属偶然，这个发明引导式教育的医生当时在战后的匈牙利只能得到板条，因为那时没有足够多的木材来做这个东西。有些天我会错过训练，她说肌肉记忆可以帮我克服错过训练产生的问题，而且那对我来说应该是有趣的而不是厌烦。特鲁迪还说，只要我伸出手去打那些挂在我周围的东西，它们就会发出叮叮当当的响声；反观可怜的西德尼，他要在没有明显理由的情况下"把手伸向空中"（除了项目要求他必须这样做，而且规定了要以什么速度这样做，多长时间做一次）。

　　引导式教育是一系列高度结构化的训练和常规计划，旨在让大脑麻痹的儿童将语言和动作联系起来，以帮助他们掌握通常不能意识到的肌肉弯曲。布达佩斯的皮托（Peto）博士在这方面取得了显著的成就，他的方法享誉全球，而且英国的引导式教育机构现在提供的是全日制教育。"为家长开的学校"是该方法其中一个部分，因为家庭训练是大多数项目中必不可少的内容。位于巴尼特（Barnet）的奥克利学校（Oakleigh School）以及位于诺丁汉（Nottingham）的霍恩西中心（Hornsey Centre）和拉特兰郡学校（Rutland House）都是在这方面很有经验的中心，他们首先扩展了这种方法，并把它们运用于患有大脑麻痹的儿童。杰基·里佐（Jackie Rizzo）为马耳他（Malta）的伊甸基金会（Eden Foundation）创设了一套标准，有很多追随者。

小结

- ●家庭访问者不应该是唯一知道访问将持续多长时间的人。
- ●"不配合的家长"不会博得声誉。
- ●精深的治疗方法有时以特定的机构为特征。

第二十二章 成年感

残疾人到了足够年龄也会离开家，爸爸和妈妈曾带我去看已经成年的残疾人所生活的地方。我曾在拉德洛（Ludlow）的视力家庭联合会（Vision Homes Association）待过一段时间，看我是否会喜欢那里。马丁·托马斯（Martin Thomas）也到过我房间。在我很小的时候他就见过我，所以他似乎很高兴再次见到我，尽管我不能说我非常清楚地记得他——他身上的手工卷制雪茄味道勾起了我的回忆，我想他可能就是用吉他弹奏爱尔兰舞曲的那个小伙子，但我也不确定。或许我搬进来以后，他会再弹一遍，到时我就知道他是不是那个人了。

妈妈之所以喜欢视力家庭联合会，是因为它全都是由那些视力受损、需要终身照顾的儿童的家长建立的，那里所有的员工都知道我是低视力，而且知道如何组织适合我的继续教育和空闲活动。这里不像在暂托中心里，其他人都在高高兴兴地享受电视、演出、电影等视觉影像；视力家庭联合会是专门为我这样的人和与众不同的品味准备的。①

我爸妈想在爸爸退休后搬家，这样他们就能离我更近些，但是因为他们会开车，所以我并不怎么在乎他们离得远还是近，反正只有他们来看我的时候我才能接触到他们。虽然妈妈在我离开家时，每次都会准备好多在电话里要说的内容，但我对电话联络实在不是

---

① 视力家庭联合会的地址参见附录。

很满意。她会跟我讲很多事情，然后跟与我在一起的人——叔叔、看护或特鲁迪——简短地聊几句，最后挂断。爸爸讨厌跟我打电话，他会变得沮丧，而我也会因为他的沮丧而沮丧，我们也很快就没有话题好聊了。

如果我不去拉德洛的话，我希望能去一个非常热闹、而且靠近商店和酒吧的地方。我不太喜欢偏远的地方。我喜欢市区夜晚的背景声音，喜欢黎明前送牛奶的声音，喜欢准时到达的列车的声音以及教堂的钟声。当你醒着的时候，这些能告诉你现在是什么时候。我喜欢每天凌晨2：32分经过的核废料列车。我肯定是极少数的认为这是件好事的人。我知道叔叔并不赞成这样。没有他，我会怎样呢？没有特鲁迪，我和妈妈会怎样呢？我们得到他们的帮助，在他们温柔又坚定的支持下，我们才能站稳。有时当我的心思飘移不定的时候，我想记住他们。他们也是依靠，给予我归属感；也让我觉得，或许我不完全归属于他们的文化，但在一定程度上，我活着也有自己的价值和尊严。当然，迄今为止，这都令我觉得我的生命是有价值的，而且与一群新的帮助者住在一起也会很好。购物的时候，我会在发出哗哗声的柜台旁边待上一段时间；在自助洗衣房里，我会听洗衣机发出的颤动声并闻到带着香味的蒸汽——甚至那时我根本没有衣服要洗，他们能理解我的这些需求。他们甚至会继续让我去听爱丁堡军队夜间表演操——虽然我认为这还是有赖于叔叔来组织。他不喜欢这个，但他喜欢让我高兴。还有许多东西值得去期待。

小结

●视觉受损的人也许不能从普通的娱乐消遣中感受到快乐，但他们可能对有视力的人不感兴趣的事物表现出极大的兴趣。

●毕业后就离开家并不是必然的选择，应该对此进行研究，并仔细权衡其利弊。

Catalyst Education Resources

1A Potters Cross

Wootton

Bedfordshire

MK43 9JG

Tel/fax: 0845 127 5281

email: cerltd@attglobal. net (website help)

or: FloCatalyst@aol. com (general information)

Children of Fire International

Rebecca Wright

Secretary

Children of Fire International

Eversley Cottages

47 Houselands Road

Tonbridge

Kent

TN9 1JJ

Bronwen Jones

Children of Fire International

PO Box 1048

Auckland Park 2006

Republic of South Africa

email: firechildren@icon. co. za

Choice, Technology and Training

Roger Wilson-Hinds

7 The Rookery

Orton Wiston

Peterborough

PE2 6YT

Tel: 01733 234441

Fax: 01733 370391

email: choice. tech@btinternet. com

The Disability Partnership

Wooden Spoon House

5 Dugard Way

London

SE11 4TH

Tel: 020 7414 1494

Eden Foundation

Bulebel, Zejtun

ZTN 08

Malta

email: info@edenfoundation. com

Rainbow Centre (children)

Tel：(356) 677319/895612

Fax：(356) 691447/8

Ability Centre (adults)

Tel：(356) 673706/7

Fax：(356) 665260

Institute for the Achievement of Human Potential

8801 Stenton Avenue

Wyndmoor

PA 19038

USA

MOVE Curriculum

Linda Bidabe

Rifton

Robertsbridge

East Sussex

TN325DR

National Institute of Conductive education

Cannon Hill House

Russell Road

Birmingham

B13 8RD

Tel：0121 449 1S69

Fax：0121 449 1611

email：foundation@conductive-education. org. uk

RNIB (Royal National Institute for the Blind)

PO Box 173

Peterborough

PE2 6WS

Customer Services as for Eden Foundation on p. 93

Tel: 0845 702 3153

Fax: 01733 37 15 55

Helpline

Tel: 0845 766 9999 (local call rates for UK callers)

Fax: 020 7388 2034

email: CServices@rnib.org.uk

(Textphone users dial 18 001

before the numbers above)

Royal Blind School

Canaan Lane

Edinburgh

EH 16 5NA

Tel: 0131 667 1100

Fax: 0131 662 9700

email: office@royalblindschool.org.uk

Scope (formerly the Spastics Society)

PO Box 833

Milton Keynes

MK12 SNY

Cerebral Palsy Helpline as for **Eden Foundation** on p. 93

Tel: 0808 800 3333

附

录

101

9 am－9 pm weekdays

2 pm－6 pm weekends

email：cphelpline@scope.org.uk

Sense（for people with deafblindness and associateddisabilities）

11－13 Clifton Terrace

Finsbury Park

London

N4 3SR

Tel：020 7272 7774

Fax：020 7272 6012

email：enquiries@sense.org.uk

Text：020 7272 9648

Techno-Vision Services Ltd.

76 Bunting Road Industrial Estate

Northampton

NN2 6EE

Tel：01604 792 777

Fax：01604 792 726

email：info@techno－vision.co.uk

Vision Homes Association

Quadrant West

210－222 Hagley Road West

Oldbury

West Midlands

B68 0NP

Tel: 0121 434 4644

Visual Development Unit, London University

26 Bedford Way

London

WC1E 6BT

Main unit:

Visual Development Unit

Department of Psychology

University College London

Gower Street

London

WC1E 6BT

Tel: 020 7679 7S74

Fax: 020 7679 7S76

email: vdu@psychol. ucl. ac. uk

附
录

103

参考文献

Adams, D. and Lloyd, J. (1983) *The Meaning of Liff*. London: Pan Books, Faber and Faber.

Aitken, S. and Buultjens, M. (1992) *Vision for Doing: Assessing Functional Vision of Learners Who Are Multiply Disabled*. Edinburgh: Moray House Publications.

Alvarez, A. (1992) *Live Company: Psychotherapy with Autistic, Borderline and Deprived Children*. London: Routledge.

Berne, E. ([1964] 1968) *Games People Play*. Harmondsworth: Penguin.

Berne, E. (1973) *What Do You Say After You Say Hello?* New York: Grove Press.

Biederman, G. B., Davey, V. A., Ryder, C. and Franchi, A. S. (1994) The negative effects of positive reinforcement in teaching children with developmental delay. *Exceptional Children*, 60: 458 —465.

Bowlby, J. (1951) *Maternal Care and Mental Health*. Geneva: WHO.

Bowlby, J. (1979) *The Making and Breaking of Affectional Bonds*. London: Tavistock.

Bowlby, J. (1988) *A Secure Base: Clinical Applications of Attachment Theory*. London: Routledge.

Bradley, H. (1989) *Assessing Communication Together* (loose-leaf binder). London: MHNA.

Byatt, A. S. (2001) How we lost our sense of smell, in M. Bragg and P. D. James (eds) *Sightlines*. London: Vintage.

Carey, P. (1994) *The Unusual Life of Tristan Smith*. London: Faber and Faber.

Carter, R. (1998) *Mapping the Mind*. London: Phoenix.

Coupe-O'Kane, J. and Goldbart, J. (1998) *Communication Before Speech*, 2nd edn. London: Fulton.

Dartington, A. (1995) Very brief psychodynamic counselling with young people, in J. Maitland, *Brief Counselling with Young People*. London: Routledge.

Doman, G. and Delacato, C. (2002) *Teach Your Baby to Read*. Wyndmoor, PA: Institute for the Achievement of Human Potential.

Dutton, G., Ballantyne, J., Boyd, G. *et al.* (1996) Cortical visual dysfunction in children: a clinical study. *Eye*, 10: 302−309.

Estevis, A. H. and Koenig, A. J. (1994) A cognitive approach to reducing body rocking. *Re: view*, 26: 119−125.

Field, T. (2001) *Touch*. London: MIT Press.

Foss, Brian M. (1961) *Determinants of Infant Behaviour*, vol. 4. London: Methuen.

Gopnik, A., Meltzoff, A. N. and Kuhl, P. K. (1999) How Babies Think (published in the USA as *The Scientist in the Crib*). London: Weidenfeld and Nicolson.

Harlow, H. F. and Harlow, M. K. (1962) Social deprivation in monkeys. *Scientific American*, 207: 136−146.

Hobson, R. P. (1993) *Autism and the Development of Mind*. Hove: Laurence Erlbaum Associates.

Hull, J. M. (1992) *Touching the Rock: An Experience of Blind-*

参考文献

ness. New York: Vintage.

Liedloff, J. (1975) *The Continuum Concept*. Harmondsworth: Penguin.

Longhorn, F. (1988) *A Sensory Curriculum for Very Special People*. London: Souvenir Press.

McHugh, E. and Pyfer, J. (1999) The development of rocking among children who are blind. *Journal of Visual Impairment and Blindness*, February: 82—95.

McInnes, J. M. and Treffry, J. A. (1982) *Deaf-blind Infant's and Children*. Toronto: Oxford University Press.

McWilliam, L. and Lee, M. (1995) *Movement, Gesture and Sign* (book lets and video, recently rewritten as *Learning from the Child*). Edinburgh: Royal Blind School.

Murdoch, H. (2002) Repetitive behaviours in children with sensory impairments and multiple disabilities: deafblind review. *Sense*, vol. 30.

Nielsen, L. (1988) *Spatial Relations in Congenitally Blind Infants*. Kalund borg, DK: Refsnaesskolen (available from RNIB).

Nielsen, L. (1990) *Are You Blind*? Copenhagen: SIKON (available from RNIB).

Nielsen, L. (1992) *Space and Self*. Copenhagen: SIKON (available from RNIB).

Nielsen, L. (1997) *Functional and Instruction Scheme: The Visually Impaired Child's Early Abilities, Behaviour, Learning*. Copenhagen: SIKON (available from RNIB).

Nolan, C. (2002) *Under the Eye of the Clock*. New York: Arcade.

Ockelford, A. (2000) *Objects of Reference*, 3rd edn. Peterborough: RNIB.

Singer, I. B. ([1973] 1981) *A Crown of Feathers: and other sto-*

ries. New York: Farrar Straus and Giroux.

Sonksen, P. M. , Levitt, S. and Kitzinger, M. (1984) Identification of constraints acting on motor development in young visually impaired children and principles of remediation. *Child Care, Health and Development*, 10: 273−286.

Spitz, R. (1945) Hospitalism: genesis of psychiatric conditions in early childhood. *Psychoanalytic Study of the Child*, 1: 53−74.

Stern, D. N. (1985) *The Interpersonal World of the Infant: A View from Psychoanalysis and Developmental Psychology*. New York: Basic Books.

Stern, D. N. (1990) *Diary of a Baby*. New York: Basic Books.

Stern, D. N. (1995) *The Motherhood Constellation*. New York: Basic Books.

Stern, D. N. (2002) *The First Relationship: Infant and Mother*. Cambridge, MA: Harvard University Press.

Stewart, I. and Joines, V. (1987) *TA Today: A New Introduction to Trans actional Analysis*. Nottingham: Lifespace Publishing.

Thomas, W. and Znaniecki, F. (1996) *The Polish Peasant*. Urbana, IL: University of Illinois Press.

Trevarthen, C. (1978) Secondary intersubjectivity: confidence, confid ing and acts of meaning in the first year, in A. Lock (ed.) *Action, Gesture and Symbol. The Emergence of Language*. London: Academic Press.

Trevarthen, C. (1979) Communication and cooperation in early infancy: a description of primary intersubjectivity, in M. Bullowa (ed.) *Before Speech*, pp. 321−347. New York: Cambridge University Press.

Trevarthen, C. (1999) Sharing makes sense: intersubjectivity and the making of an infant's meaning, in R. Steele and T. Treadgold (eds)

参
考
文
献

Language of Topics. Amsterdam：Benjamins.

Webb，S. (1994) I hate plastic toys. *Nursery World* , 15： 23 December.

Winnicott，D. W. (1990) *Home is Where We Start From*：*Essays by a Psychoanalyst*. Harmondsworth：Penguin.

Winstock, A. (1994) *The Practical Management of Eating and Drinking Difficulties in Children*. Bicester：Winslow Press.